Reflexiones para encontrar La Verdad (4)

UN PROYECTO DIVINO

Manuel Juan Sánchez

Imagen Portada de Robert Cheaib en Pixabay

Primera edición: septiembre de 2022.

ISBN: 9798847231862

Sello: Independently published

Este libro es el cuarto volumen de la tetralogía:
Reflexiones para encontrar La Verdad.

(1) Probablemente, dios no era DIOS
(2) ESPADACHINES CELESTIALES
(3) HOMBRE O DIOS
(4) UN PROYECTO DIVINO

Todo fue ideado y diseñado
para que Satanás sembrara el pecado,
era el proyecto más adecuado,
y la Iglesia <Verdadera> lo ha colmado

A la Biblia.
Pues gracias a ella he encontrado La Verdad

ÍNDICE

UN PROYECTO DIVINO

Reflexiones para encontrar La Verdad

PREÁMBULOS

La Inspiración

LUCAS 1,1. Puesto que muchos han intentado narrar ordenadamente las cosas que se han verificado entre nosotros, tal como nos las han transmitido los que desde el principio fueron testigos oculares y servidores de la Palabra, he decidido yo también, después de haber investigado diligentemente todo desde los orígenes, escribírtelo por su orden, ilustre Teófilo...

Antes de seguir, me gustaría saber dónde están celosamente guardadas esas muchas narraciones ordenadas de las cosas que tuvieron lugar. Que yo sepa, el Espíritu, cuando fue invocado para que certificara los auténticos evangelios, solo aceptó dos, por lo que he de creer que esos otros muchos son falsos. A Lucas se le ocurrió escribir para la posteridad dos afirmaciones cuya alta probabilidad de falsedad se ha comprobado. Dijo, por un lado, que la información la había recibido de testigos oculares; por otro lado, que él mismo las había investigado diligentemente desde sus orígenes. Todo lo cual, y a la vista de las discordancias en los relatos de los propios evangelistas, es obvio que no fue cierto.

La Iglesia Verdadera considera que el Nuevo Testamento tiene a Yahvé como autor principal; y llega a esta conclusión gracias a la inspiración del propio espíritu de Yahvé; aun cuando, por otro lado, reconoce que "los diversos autores están, a estas alturas, todavía sin identificar plenamente". Hay muchas opiniones y son varias las teorías, pero lo cierto es que no terminan de ponerse de acuerdo sobre la autoría; sin embargo, no parece haber duda de que "la inspiración divina de la Biblia sería una gracia sobrenatural dada por el Padre a unos hombres desconocidos". Y las evidencias de tal afirmación deberían ser incontestables, puesto que aseguran que "ese carisma sobrenatural es otorgado en exclusiva por Yahvé para que los hagiógrafos escriban, sin error alguno, justo lo que él ha revelado y desea comunicar a la humanidad."

Pero, ¿cómo se certifica esa inspiración divina de los libros? Pues es muy sencillo: <solo es necesario que cumplan con el canon de la fe, con una clara apostolicidad y con un uso habitual en el culto.>

La Dei Verbum aclara:

Toda la Biblia, incluido el Antiguo Testamento, es inspirada, tiene a Yahvé por autor y es, por tanto, palabra de Yahvé:

En la composición de los libros sagrados, Yahvé se valió de los hombres elegidos, que usaban de todas sus facultades y talentos; de este modo, obrando Yahvé por ellos y en ellos como verdaderos autores, pusieron por escrito todo y solo lo que Yahvé quería.

Todo lo cual es justo lo que el fiel creyente desea se le diga. Sin embargo, el propio Catecismo advierte de que la Palabra, pese a ser obra exclusiva de Yahvé, es imperfecta:

Catecismo 121.

El Antiguo Testamento es una parte de la Sagrada Escritura de la que no se puede prescindir. (122) En efecto, "el fin principal de la economía antigua era preparar la venida de Cristo, redentor universal". "Aunque contiene elementos imperfectos y pasajeros"

No obstante, ¿qué decir de esos numerosos errores? La respuesta es, igualmente, muy fácil: la culpa es del mensajero; los autores inspirados son los únicos a quienes deben atribuirse los fallos, también suelen culpar a los hagiógrafos y los amanuenses. Y ante esa exculpación divina, me pregunto:

¿Acaso Yahvé no estuvo pendiente de que la redacción de su Revelación fuera perfecta en todos los sentidos? Porque es razonable pensar que, si inspiraba al autor, también debería estar al tanto de las posibles equivocaciones, pues se estaba jugando su prestigio. En todo caso, la Iglesia Verdadera zanja las disquisiciones con esta sentencia: "La ausencia de error abarca solo lo referente a la fe y a la moral." Con lo cual está reconociendo implícitamente la existencia de fallos bíblicos en las fechas, en las cifras, en la historia, en la geografía, en la geología, en la astronomía, en la biología, en el derecho... O sea, tal como reconoce el propio Catecismo, un Libro Sagrado lleno de imperfecciones.

Me gustaría hacer una encuesta a los cristianos a fin de conocer su respuesta a esta pregunta: ¿Tendría elementos imperfectos y perecederos, aún los más mínimos, un libro verdaderamente inspirado por Dios?

Mi opinión es que, viniendo de Dios, debería ser absolutamente perfecto en todos los aspectos. Y como la Biblia no lo es, es obvio que solo pudo haber sido inspirada por humanos.

La egolatría humana

Ego, soy el ser más maravilloso del universo.

Ego, he sido creado a imagen y semejanza de Yahvé.

Ego, no puedo pudrirme para siempre bajo tierra.

Ego, tengo un alma inmortal.

Ego, viviré eternamente henchido de gozo infinito...

Ego, soy ególatra, engreído, vanidoso, narcisista, petulante... endiosado.

Así es como Ego se considera a sí mismo: muy por encima del resto de criaturas, y así se siente realizado. Ahora solo hay que aprovechar esa egolatría y dar forma a una doctrina novedosa que colme las aspiraciones de Ego para que, mansamente, se avenga a ser adoctrinado.

¿Hay alguna evidencia que justifique ese endiosamiento de Ego? Es obvio que no la hay, pero su egoísmo le nubla la mente y le incita a tener la fe necesaria para asumir unos preceptos a cambio de la dicha infinita, que por ahora es solo virtual. El trueque es ciertamente muy ventajoso: Solo por cumplir unas cuantas normas durante unas decenas de años, Ego recibe a cambio una vida eterna plena de felicidad; y Ego piensa: ¡Es una oportunidad única! ¿Dónde hay que apuntarse?... Es hora, pues, de organizar la caza y captura de Ego, ese ser plenamente predispuesto a enfrascarse en la utopía ansiada; solo resta concederle la oportunidad de alcanzar la fe ciega. Esa fe que se antepone a la razón y que convierte en creíble aquello que es imposible.

El egoísmo

El egoísmo se define como un inmoderado y excesivo amor a sí mismo, que hace atender desmedidamente al propio interés, sin cuidarse de los demás. El creyente, ahí están todas las sentencias y máximas bíblicas, siempre actúa buscando un objetivo: cumplir unos preceptos para alcanzar la propia vida eterna en un paraíso de felicidad. Es decir, es una persona a la que han inculcado la ambición de otorgar algo para recibir a cambio la máxima recompensa posible.

Le han infundido la idea de que si cumple con una serie de mandamientos divinos, emanados de meras leyes civiles, recibirá el premio de la gloria eterna. Lo que menos le importa es conocer la Verdad, lo que desea es que le llenen la cabeza de ideas placenteras. Es relativamente sencillo:

Si cumples la legislación que hemos redactado, alcanzarás el cielo.

Si te desprendes de las riquezas terrenales que Yahvé, dios padre y señor nuestro, te ha otorgado, ganarás puntos para conseguir la dicha infinita.

Por el contrario, los ateos, cuando realizan una buena acción –no son tan endemoniados como cuentan- es seguro que lo hacen con total altruismo, sin esperar recibir nada a cambio, porque saben que, hagan lo hagan, ya están condenados de antemano a las penas eternas.

La fe

Fe es creer en lo que se sabe que no existe. (Mark Twain)

¿La fe obra milagros? ¡Ya lo creo! El que es de derechas, convencido, siempre votará a la derecha, y el que es de izquierdas, más convencido aún, siempre votará a la izquierda. Da igual que tanto la derecha como la izquierda estén enfangadas en la corrupción, no importa que sus políticos sean ineptos o despilfarradores de lo ajeno hasta lo irremediable, el votante convencido cree hasta el final de sus días que cualquier otra opción es inviable.

En las religiones sucede lo mismo. Es fundamental la fe; por eso los líderes religiosos de todas las Iglesias, sean verdaderas o no, insisten machaconamente en obnubilar las mentes de los adeptos con credos inextricables. Así, una vez conseguido el lavado cerebral, la fidelidad del voto estará asegurada contra los embates de la razón. Parece como si el razonamiento lógico fuera el aliado del diablo para combatir la sinrazón de la fe, pese a que, según cuentan, la razón de los humanos es un don divino.

Catecismo 143.

Por la fe, el hombre somete completamente su inteligencia y su voluntad a Yahvé. Con todo su ser, el hombre da su asentimiento a Yahvé que revela. La Sagrada Escritura llama "obediencia de la fe" a esta respuesta del hombre a Yahvé que revela.

Y así se llega a establecer un círculo vicioso irrompible: Para creer es imprescindible tener fe, pero para alcanzar esa fe es necesario creer. Para admitir algo que es lógico por sí mismo no es necesaria la fe, solo se necesita la razón; de esto no hay duda. Sin embargo, para que alguien pueda admitir lo que es ilógico, irracional, absurdo o virtual, es necesario que sufra de necedad o delirio o, en su defecto, que posea una alta dosis de fe; de esto tampoco debería haber ninguna duda, pues lo confirma el Catecismo. Esta es la explicación de por qué la Iglesia Verdadera recurre con machacona insistencia a la fe para intentar explicar la Revelación. Esa fe es muy conveniente para que el creyente asuma los dogmas y es, asimismo, muy necesaria para llegar a comprender lo que Yahvé, dios padre y señor nuestro, pretendía revelar a la Humanidad. Los entendidos aseguran que, además, es imprescindible para la salvación; sin embargo, según esos mismos sabios, resulta que es un don gracioso otorgado por Yahvé solo a unos cuantos elegidos. Y no es necesario ser muy sabio para concluir que esa sería una actitud discriminatoria impropia de Dios.

Catecismo 89.

Existe un vínculo orgánico entre nuestra vida espiritual y los dogmas. Los dogmas son luces en el camino de nuestra fe, lo iluminan y lo hacen seguro. De modo inverso, si nuestra vida es recta, nuestra inteligencia y nuestro corazón estarán abiertos para acoger la luz de los dogmas de la fe.

No obstante, la realidad, que no interesa reconocer, es que la gran mayoría de los creyentes cree gracias a la tradición familiar. Generalmente, lo que se llama fe no es otra cosa que la costumbre aprendida, existiendo un rechazo inconsciente a profundizar en las razones de esa creencia. Siendo esa convicción el asunto más importante del creyente, resulta que o no muestra interés o, bien, tiene miedo a sopesar las incongruencias de su religión. Y si finalmente se rinde a la realidad, suele argüir: en algo hay que creer...

El razonamiento es algo fundamental que nos diferencia del resto de animales, sin embargo, para acogerse a la fe que proclama la Iglesia Verdadera es necesario renunciar a la razón, lo cual anula el don más grande de la humanidad. Según cuentan los sabios, el razonamiento nos habría sido otorgado para que supiéramos distinguir la Verdad de la mentira, y si Yahvé nos otorgó la facultad de razonar, que nos distingue de los animales, ¿por qué no hemos de utilizarla al leer la Revelación?

Como religión que proviene de Yahvé, es el Espíritu el que inspira a los gobernantes para que establezcan por decreto las verdades fundamentales. Y entre las múltiples sectas se odian entre sí y se combaten a muerte hasta que, finalmente, prevalecen las ideas de los aliados con el poder político. La Iglesia Verdadera se impone por la mano de los verdugos de la Inquisición o por las espadas de los cruzados, ostentando la cruz del Cristo; un símbolo que debería significar la paz, pero que, al contrario, incitaba a degollar infieles.

Credo

Una persona necesitará creer si quiere llegar a comprender por qué han sucedido todas las cosas. Por eso, es fundamental creer con fe ciega en los atributos adjudicados a Yahvé, y en especial los Naturales, de entre los cuales quiero destacar los que vienen al caso:

- Eternidad: Quiere decir que ha existido siempre en el pasado, existe ahora, en el presente y existirá siempre, en el futuro: sin principio y sin fin.

- Inmutabilidad: Significa que es invariable e inmutable, que no puede cambiar ni para bien ni para mal. O sea que lo que dijera un día sería válido para siempre. Además, sería un absurdo suponer que se pudiera ser más o menos omnipotente o santo, eso implicaría imperfección y mutabilidad.

- Omnipresencia o ubicuidad: Quiere decir que está presente en todo lugar al mismo tiempo. Toda su persona, con toda su capacidad para obrar, puede ser ejercida en cualquier parte y en todo tiempo sin necesidad de moverse de un sitio para otro a fin de dominar el escenario de acción.

- Omnipotencia: Que todo lo puede, que su poder es ilimitado para hacer todas las cosas que su naturaleza y su carácter le sugieren. En él no hay imposibilidad natural pero sí hay lo que algunos llaman "imposibilidad moral". Por ejemplo: -No puede mentir, no puede cambiar, no puede pecar. Aunque es omnipotente, sin embargo, él no hace todo lo que puede sino todo lo que quiere-; esta afirmación es importante.

- Omnisciencia: Conoce todas las cosas del pasado, del presente y del futuro con un conocimiento completo y correcto. Él, que diseñó, creó y sostiene este mundo, ¿no ha de conocerlo en todos sus detalles? Y ese conocimiento no se limita solo a los hechos visibles.

Así pues, creyendo que Yahvé existía antes del principio de todo, que su pensamiento no puede variar, que está presente en todos los lugares y al mismo tiempo, que todo lo puede pero, a su vez, no puede mentir, que conoce todo lo que sucederá en el futuro y que diseñó, creó y sostiene este mundo... Creyendo todo eso estaremos preparados para comprender por qué sucedieron, y suceden, las cosas hasta confluir en la fase final del Proyecto Divino diseñado por Yahvé en el principio de los tiempos.

Muchos hechos aparecerán como irracionales, muchas actitudes aparentarán ser incongruentes, muchas palabras parecerán contradictorias, incluso, muchos comportamientos se manifestarán abiertamente anticristianos, pero siempre se ha de tener en cuenta que todos esos disparates fueron premeditados y ejecutados a conciencia con el fin de que todo el Proyecto Divino pudiera ejecutarse en todas sus fases hasta finalizar con el éxito esperado

RESUMEN DE LAS FASES DEL PROYECTO DIVINO

El comienzo de todo tuvo un motivo infinitamente justificado: En la infinitud, Yahvé se sentía solo, pese a que en realidad estaba acompañado indisolublemente por las otras dos Personas. En consecuencia, es imposible que hubiera habido otra razón para que él creara todo esto.

Y dijo Yahvé: Nuestra soledad se está haciendo excesivamente prolongada; además, no tenemos a nadie a nuestro alrededor que sepa reconocernos y adorarnos como lo que somos. Así pues, para autosatisfacernos, llenaremos una pequeña parte del espacio infinito con materia y crearemos unas criaturas inferiores que nos servirán y adorarán.

Pongámonos, pues, manos a la obra y diseñemos un proyecto creativo absolutamente perfecto.

Y les pareció bien.

Entonces, sus mentes divinas se pusieron a cavilar y en pocos milenios ya habían acordado la trama a desarrollar para alcanzar la meta definitiva. Cuentan que en aquella infinitud nada existía, absolutamente nada; no obstante, considero que sería conveniente no exagerar, ya que, al estar al Trinidad, existiría el bien, lo que sucedía es que como todavía no se había creado el mal, pues no se le daba importancia a lo bueno.

Y dijo Yahvé: Hemos concluido que nuestro plan deberá girar en torno a dos conceptos necesarios: el bien y el mal, lo bueno y lo malo.

Y, como ya existía el bien, idearon el mal.

Y les pareció bien.

Gracias a la aportación de la Suprema Inteligencia, el plan divino contemplaba, que las criaturas que iban a crear se inclinarían unas por el bien y otras por el mal. Y es justo reconocer que esta decisión fue infinitamente inteligente, puesto que, sin el mal, nunca hubiera podido existir el bien.

Además, sería conveniente que esas criaturas no convivieran eternamente mezcladas. Por lo tanto había que habilitarles unos lugares separados donde pudieran vivir durante la eternidad venidera. Esta solución fue perfecta, pues así se conseguiría que los santos pudieran contemplar desde el Cielo el llanto y crujir de dientes de los condenados en el Infierno.

Cuentan que Yahvé era omnipotente y ubicuo, por lo cual no necesitaba ayuda para llevar a cabo su proyecto; sin embargo, consideró conveniente la existencia de unos seres espirituales inmortales que, además de servirle en las tareas de creación y mantenimiento, iban a ser actores imprescindibles en el desarrollo de la trama. Y así ocurrió, Yahvé ideó que un grupo de esos ángeles optaría por el bien y otro por el mal. Y Yahvé, que con astucia divina había diseñado inmortales a los ángeles, nunca jamás podría eliminar a los rebeldes, ni siquiera siendo él omnipotente. Con esta cualidad, los demonios podrían dedicarse a su labor tentadora prácticamente sin oposición. Además, Yahvé había previsto, con mucho tino, una lucha entre ambas facciones de ángeles. Los vencedores ganarían el Cielo y los perdedores el Infierno. Y así sucedió.

La materia es, por sí misma, impura; no obstante, Yahvé consideró imprescindible rebajar su propio grado de pureza y crear el cosmos material; pues, en aquella inmensidad en la que se movía, había ideado colocar un diminuto grano de arena en el que se desarrollaría el devenir de los acontecimientos. Pero el plan de Yahvé no contemplaba un planeta tranquilo. Había considerado más conveniente que el grano de arena estuviera sometido a terribles cataclismos. Y así fue como todo el estudio técnico de Yahvé se centró en ese granito de arena, la Tierra.

Después, en un alarde de omnipotencia, pues obró contra las leyes naturales, fue añadiendo a su proyecto otros elementos, como la Luna y el Sol, y lo completó con un firmamento decorado con trillones de estrellas colosales, pero que carecían de interés práctico para su objetivo. Aquellas lumbreras, aunque inmensas, eran un mero adorno en sus planes.

A continuación, seguiría con la plantación de toda clase de vegetación. Ahora bien, gracias a su infinita visión de futuro, Yahvé sabía el interés que despertarían entre los humanos ciertas plantas alucinógenas (opio, cocaína, marihuana, etc.) y por eso las diseñó y las incluyó en su proyecto, con el fin de que sus amadas criaturas disfrutaran.

Después, continuó con la creación de todas las especies de animales, a los que inculcó la cualidad de devorarse unos a otros para poder sobrevivir. Y como había previsto la necesidad de castigar a los hombres malos con terribles plagas y enfermedades, también incluyó en su proyecto creativo a las bacterias y a los virus mortales para el reino animal.

Más tarde, diseñó al género humano que, como debía tener una cierta compatibilidad con la Segunda Persona, por razones dogmáticas, lo hizo a imagen y semejanza suya, pero mortal en lo material. La Tercera Persona sería la encargada de insuflar el soplo de vida. Sin embargo, era necesario que esas nuevas criaturas fueran potencialmente pecadoras, así sucumbirían fácilmente a las tentaciones del maligno; además, sus organismos deberían ser propensos a las infecciones y mutaciones genéticas. Con todo ese diseño, la Humanidad estaría preparada para recibir los castigos divinos.

Finalmente, operando al hombre, le extraería una costilla y crearía a la mujer. Ahora bien, como el Creador era varón –El Padre, El Hijo, El Espíritu Santo- en sus especificaciones técnicas, Yahvé consideró que no era necesario que la mujer recibiera el Soplo Vivificante.

La misión del hombre en este mundo sería el cuidado y cultivo de una casa de campo que Yahvé se construiría en la Tierra, mientras que la misión de la mujer sería tener hijos y someterse al hombre. Resulta tranquilizador constatar cómo todo fue ideado al detalle desde el principio de los tiempos.

A partir de ahí, el plan divino incluía la intervención constante y continua de los ángeles malos. Ante aquella perspectiva, Yahvé debía ser feliz en grado infinito porque intuía que su proyecto sería infalible y que nadie tendría poder para inmiscuirse en él; y que Adán y Eva le desobedecerían y que Él los castigaría, etc.

Yahvé, en su plan, ideó que aquel pecado sería conocido con el sobrenombre de Original, y es justo reconocer que era un pecado muy original. No obstante -no comprendo los motivos-, consideró conveniente que no había que divulgarlo hasta que pasaran muchas generaciones, y así lo asumieron las Tres-Personas-en-Una. Hasta tal punto llevarían en secreto aquel original pecado que incluso el Hijo, durante su estancia redentora, tendría que mantenerlo oculto. Yahvé había previsto que deberían pasar muchos milenios sin que nadie se enterara de la cruda realidad, pese a que, a partir de la desobediencia de Adán y Eva, él mismo se encargaría de manchar con ese horrible pecado todas las almas que fuera creando. De esa forma toda la humanidad nacería, viviría y moriría con ese estigma sin ser conscientes de su enorme trascendencia, y esto le ocurriría a todos los grandes patriarcas judíos, incluidos los santos profetas. Comenzando por Adán y Eva, siguiendo con Abraham y sus hijos, continuando con Moisés y los autores de todos los libros sagrados, y terminando con los discípulos de Jesús, nadie sería convenientemente informado sobre el Pecado Original, su gravedad y repercusión. Lo cual me lleva a concluir que o no es tan importante o, seguramente, todo eso fue un cuento ideado por Yahvé para que todas las personas, a partir de la fundación de la Iglesia Verdadera, necesitaran irremediablemente la Redención del Hijo y el Sacramento del Bautismo para poder alcanzar la Gloria.

Pasado un tiempo, los hijos de Yahvé -que muchos identifican como ángeles- yacerían con las mujeres, pese a ser espíritus, por lo que era necesario crear a ambos, mujeres e hijos de Yahvé, plenamente compatibles. Y Yahvé, en vez de castigar a esos ángeles o hijos suyos, por ser los únicos culpables, consideró que debía incluir en su proyecto un Diluvio Universal que aniquilara a la población mundial, intentando, de esa forma, regenerarla con un método poco humanizado. Y aunque ya estaba proyectado que esa enrome matanza de personas no serviría de nada, Yahvé no la eliminó de su plan. Es indudable que se ha de ser infinitamente inteligente para comprenderlo, y como no lo soy, pues no lo comprendo. Lo cierto es que la Humanidad seguiría igual de inicua, circunstancia que, al parecer, era muy necesaria para la viabilidad del Proyecto Divino. En efecto, solo hay que imaginarse lo que hubiera sucedido si, tras el Diluvio, nos hubiéramos regenerado para bien y para siempre: No habría Libro Sagrado, ni necesitaríamos ser evangelizados... ¡Adiós a la Iglesia Verdadera!

Así que, tal como estaba proyectado, Yahvé siguió creando millones de almas, centenas de millones, y las manchaba con el Pecado Original, y así deberían transcurrir milenios sin Redención, pues Yahvé había escogido meticulosamente el momento propicio para remediar aquella insostenible situación.

UN PROYECTO DIVINO

Conozco fehacientemente, porque así me ha sido revelado, que el plan trazado por Yahvé incluía numerosas inseminaciones espirituales de mujeres a lo largo de la historia del pueblo elegido, y que la afortunada persona elegida para esa placentera labor fue la Tercera de entre la Trinidad. Pero, respecto a la historia dedicada a la Redención, en su Revelación, no termino de aclararme sobre el método diseñado para la Encarnación de la Segunda Persona.

Una vez que la Segunda Persona se hubiera encarnado, estaba previsto que debería permanecer oculto varios decenios. Esa fue una de las fases de mayor suspense que incluía el Proyecto Divino, pues el Hijo, pese a haber nacido, todavía no estaría suficientemente preparado para actuar y, por tanto, tendría que esperar agazapado hasta la llegada del momento oportuno.

Supongo que es de sobras conocido que las Tres-Personas-en-Una habían sido, al unísono, autoras del Proyecto; por lo tanto ahí está implícita la evidencia de que el Hijo conocía al detalle todas las fases de la trama. Sin embargo, hay cosas que permanecen oscuras para mi mente humana.

De un lado, me han contado que la bondad de Yahvé era, y es, inconmensurable, y especialmente la bondad de la Segunda Persona; es decir, el amor que el Hijo profesaba hacia la humanidad era Infinito. Todo su pensamiento estaba centrado en hacer el bien a todo el mundo, en curar todas las enfermedades, en resucitar a todos los muertos y en acabar de una vez por todas con el padecimiento de todos los niños. Por eso, seguramente, se ofreció voluntariamente para ser actor principal en la segunda parte, la Reencarnación, una de las más importantes del Proyecto Divino. De otro lado, según deduzco por lo que han escrito los sabios, en el diseño de esos animales invisibles, pero muy perjudiciales para la salud, también había participado activamente el Hijo. Por eso, no me extrañaría que algún que otro humano pudiera entender esa actitud como un conflicto de intereses: De un lado, ser infinitamente amoroso y, de otro, participar en la creación de microbios letales para los seres que tanto amaba.

En otro orden de cosas, es posible que el creyente, con un mínimo de fe, crea firmemente que la Trinidad tenía, y sigue teniendo, un poder infinito de convencimiento, tanto con su Palabra como con sus manifestaciones. Es por eso que, pese a la fe ciega, al creyente que razone le resulte muy difícil comprender que el Hijo tampoco convenciera a las autoridades humanas. La respuesta a esa aparente incongruencia se encuentra en el Proyecto Divino. Yahvé había ideado que el Hijo no ejerciera su infinito poder de persuasión, de esta forma el plan no se detendría hasta llegar al final previsto. Ya que si el Hijo, una vez reencarnado, hubiera actuado conforme a su omnipotencia y omnisciencia es seguro que habría convencido al mundo entero, sin excepción y, entonces, todo el Plan Divino se habría ido al garete.

Otro asunto que abunda en lo dicho. Cualquier humano, tras haber sido condenado injustamente, habría aprovechado la más mínima oportunidad para demostrar, ante quienes le juzgaron, el tremendo error cometido. Es nuestro derecho. Pero los humanos somos infinitamente torpes en comparación con la omnisciencia de la Trinidad; por eso hemos de asumir, aunque sin comprender, que Yahvé ideó un plan absolutamente opuesto a lo que haríamos cualquiera de nosotros. Y así pensaron que era mejor para el buen fin de su Proyecto que el Hijo, una vez milagrosamente resucitado, se escondiera de sus enemigos, desperdiciando así otra gran oportunidad de demostrar definitivamente quién era. Seamos sinceros y reconozcamos que si la Segunda Persona se hubiera presentado, ya resucitada, con su cuerpo glorioso ante las autoridades, el Proyecto Divino no habría podido concluir felizmente conforme a lo planeado por Yahvé...

Primera Fase: EL MUNDO ESPIRITUAL

La felicidad divina

¿Era Dios feliz? Supongo que Dios debería ser feliz en todo momento, por eso imagino que los creyentes estarán convencidos de que Yahvé era feliz desde el principio de los tiempos. Desde hace una eternidad: Yahvé era infinitamente feliz. Supongo que esta afirmación debe tener categoría de dogma. Además, es de sobras conocido que Yahvé era omnipotente y omnisciente.

Pues bien, ante estos tres axiomas –infinitamente dichoso, poderoso e inteligente- no hay teólogo que haya dado una explicación medianamente creíble al hecho de que Yahvé se metiera en este berenjenal.

Los espíritus

GÉNESIS 2,7. Entonces Yahvé Dios formó al hombre con polvo de la tierra; luego sopló en su nariz un aliento de vida, y el hombre tuvo aliento y vida.

Nada se sabe sobre la creación del mundo espiritual. Está claro que Yahvé no quiso revelar ningún detalle sobre esta fase de su Proyecto Creativo. Así como del mundo material sí se dispone de un amplio informe divino, resulta que de los espíritus nada se dice. Los ángeles aparecieron de improviso y, respecto a la espiritualidad humana, solo se cuenta que hubo un aliento insuflado en la nariz de Adán, lo cual le concedió la vida, aunque, también los animales tienen vida sin el preceptivo soplo y, sin embargo, dicen los entendidos que no por eso cuentan con alma espiritual. Eva tampoco fue insuflada.

Y visto que Génesis nada cuenta respecto al origen de los entes espirituales, ni a la inmortalidad del alma, ni a la vida después de la muerte, me pregunto si los autores bíblicos eran afines a los que luego fueron conocidos como saduceos, aquella casta de sacerdotes aristocráticos que negaban la inmortalidad del alma y la vida tras la muerte.

¿Los espíritus son inmateriales? Hay demasiados creyentes aficionados a esos entes; y muchas de esas mismas personas, que no pueden aportar una explicación juiciosa, afirman sin titubeos haber sido testigos oculares de esas presencias, incluso aseguran que se les aparecen ataviados con vestimentas de la época en que vivieron. He visto por televisión imágenes de espíritus deambulando por el interior de palacios antiguos y, en efecto, esos entes inmateriales iban vestidos con ropas que, a tenor con el ambiente en que se desenvolvían, tenían que ser forzosamente tejidos espirituales. Así que, para ese creyente, la conclusión es sorprendente: Al morir, nuestros espíritus pasan a mejor vida con el ajuar incluido. Y esa actitud evidenciaría que los espíritus sienten pudor ante la desnudez, es decir, que continúan apegados a los tabúes terrenales.

Confieso que me sonrío cuando veo los espíritus de damas de palacio ricamente ataviadas junto a sus criadas con el delantal, o al mayordomo, fácilmente reconocible por su vestimenta moviéndose por las estancias –parecen que caminan-. Hasta he visto niños pobres con sus harapos. Pues bien, todas esas escenas son contradictorias con la Biblia, ya que demostrarían que en la otra vida sigue habiendo ricos y pobres; que el rico continúa comportándose como tal y que el pobre lo será eternamente.

Algo que me maravilla de esos seres espirituales es que se manifiestan con lindos ojos azules y espléndidas melenas rubias. Sin embargo, hay otro asunto que me desilusiona: Los espíritus se aparecen con la apariencia de la edad que tenían en el momento de morir. Por esto me pregunto si los bebés, los neonatos, incluso los fetos, seguirán siendo así con sus cuerpos gloriosos; pero, sobre todo, me inquieta la idea de que durante la próxima eternidad apareceré con esta pinta de vejestorio.

Como ejemplo de lo anterior, ahí tenemos los cientos de apariciones marianas y de otros santos y beatas, incluso del propio Jesucristo. Haciendo caso a los videntes, todos aparecen con los mismos años que tenían el día de su muerte y, además, ataviados con ropajes, incluso, la mayoría de las veces con ricas telas, coronas y adornos de oro con piedras preciosas. Pues bien, a poco que se analicen esas apariciones se establecerá esta otra deducción decepcionante: Los espíritus celestiales, además de no recuperar la lozanía de la juventud y de necesitar vestimentas, son proclives al adorno fatuo y materialista de las joyas.

Cómo se fraguó la idea

Yahvé quiso que estuviésemos informados de todo lo sucedido, para ello tuvo a bien inspirarlo en las mentes de los autores con todo lujo de detalles; además, es razonable creer que estuvo pendiente de que todo lo escrito correspondiese exactamente con lo que él quería transmitir. Como consecuencia de ese proceder infinitamente meticuloso, hoy, el creyente dispone de una información verídica y detallada sobre lo sucedido, eso dicen lo sabios.

Es seguro que Dios se bastaría por sí solo para ser infinitamente feliz, pero, ¿Y Yahvé? Al parecer, el comienzo de todo tuvo un motivo absolutamente justificado: En la infinitud, Yahvé se sentía solo. Él, con todos los atributos posibles e imposibles elevados a la potencia infinita, no tenía a su lado nadie que lo reconociera, por eso es comprensible su ansia de ser adorado; en consecuencia, ideó crear criaturas adoradoras. Mas no fue un Proyecto específicamente creativo sino un auténtico Proyecto Redentor; pero claro, para que pueda justificarse una redención es necesario que, previamente, haya una condena, y esta fue otra idea que solo se le podía ocurrir a una inteligencia como la de Yahvé.

Una mente humana vulgar, antes de remediar su soledad, se habría preguntado: ¿Qué es más conveniente: crear seres potencialmente buenos o potencialmente malos? Y habría sopesado los pros y los contras de cada opción:

Si creo seres potencialmente buenos, es decir, inclinados a hacer siempre el bien:

- Me ahorro el Infierno

- Eludo la batalla entre los ángeles y la consiguiente aparición de los demonios.

- Me evito tener que manchar las almas con el Pecado Original.

- Me libro de estar pendiente de los pecadores para castigarlos.

- Evito el sacrificio del Hijo.

- Me ahorro las persecuciones entre religiones, las guerras santas, la inquisición...

- Todas las criaturas serán felices.

- Consigo un éxito total, pues el 100% de las criaturas vivirán a mi lado adorándome.

Mas, si creo seres potencialmente malos, es decir, propensos al mal:

Implicaré a mis criaturas en miles de problemas, pecarán sin remedio, tendré que sacrificar al Hijo para salvar la situación. Además, habrá desmanes por doquier y la cifra de mis seguidores será pírrica.

Y así concluiría un ser humano: esta segunda opción no me interesa, así que mejor me quedo con la primera. Me dedicaré a crear solo criaturas buenas...

Pero Yahvé no era humano, y las cosas son como son.

Frente a esa lógica, siempre aparece gente que alude al libre albedrío como justificante de la libertad de elección entre el bien y el mal. Y olvidan que Dios, gracias a todos sus atributos, sería capaz de hacer que sus criaturas fueran absolutamente inclinadas al bien y, a la vez, inmensamente felices y plenamente libres. Quien no lo crea así es un hereje, pues atenta contra el dogma de la Omnipotencia y Omnisciencia de Dios.

Pero, ¿por qué esa actitud irrazonable? Visto lo sucedido, es obvio que para el desarrollo previsto de su plan Yahvé necesitó crear criaturas capaces de hacer el mal.

El Proyecto Divino

Y dijo Yahvé: Pongámonos manos a la obra y diseñemos nuestro Proyecto Creativo, que será absolutamente perfecto en justa correspondencia con nuestra personalidad.

Entonces, sus mentes divinas se pusieron a cavilar y en pocos milenios ya habían acordado la trama a desarrollar para alcanzar la meta prevista.

Y todo lo que sucedería en adelante les preció bien.

Y Yahvé ocupó casi una eternidad, primero, ideando y, después, diseñando el Proyecto Perfecto. Todo lo había previsto; las fases se sucederían sin solución de continuidad. ¿Cómo obtener criaturas dispuestas a adorarle durante la eternidad venidera? Cualquier humano con dos dedos de frente habría optado por lo fácil, pero Yahvé tenía capacidad para embrollarlo todo, ideando obstáculos para luego tener que solventarlos y, sin embargo, sacarlo adelante con sutileza infinita. Finalmente, trazó un plan con su intríngulis y ejecutable en varias fases. Además, como estaba solo, pudo mantener su proyecto al amparo de cualquier intromisión; después, con su omnipotencia, mantuvo intacto su plan y así lo mantiene hasta el final de los tiempos.

La nada

La nada, tal como lo plantea la Iglesia Verdadera, es el concepto absoluto de falta de materia, de cualquier forma de materia, incluso de gases como el Helio. Sin embargo, la Ciencia habla de un Big-Bang primigenio causado por la detonación de un densísimo núcleo de gases. Y el creyente responde con esta pregunta: ¿Quién apretó el botón para que comenzara la deflagración? En referencia expresa a Yahvé. Pero, llegados a esta situación, comienza la escalada interminable: ¿Y a quién se le ocurrió crear a Yahvé para que pudiera pulsar el botón? Y así seguimos ascendiendo hasta, tal vez, llegar al bosón de Higgs... o partícula de Dios.

SABIDURÍA 11,17. Bien podía tu mano omnipotente, aquella que creó el mundo de una materia informe...

Es evidente que la Revelación viene a decir que, en el principio, había una materia informe de la que se creó el mundo. ¿A quién creer, pues? ¿Al libro de la Sabiduría, cuentan que inspirado por Yahvé, y más acorde con la Ciencia, o a la Iglesia Verdadera que intenta colar la idea de que todo fue hecho de la nada absoluta?

JUECES 9,23. Pero Yahvé mandó un espíritu malo de discordia entre Abimeléc...

SAMUEL 16,14. ...y un mal espíritu, venido de Yahvé, Nuestro Señor...

Ahora bien, si de esa explosión gaseosa resultó el mundo material, ¿de dónde surgió el mundo espiritual? Tal vez los espíritus son como nubes de helio, porque la palabra espíritu proviene del latín: respirar, y respiramos algo tan material como es el aire. Génesis no habla del origen de los entes espirituales, salvo que se quiera certificar como procedentes del aliento de Yahvé, conformado en el Espíritu. Si ese soplo divino con el que se dio vida a Adán –no me consta que Eva recibiera el soplo vivificante- corrobora la veracidad del espíritu, estaría en la necesidad de creer que todos los espíritus salen del soplo de Yahvé, tanto los buenos como los malos; esto no es porque lo digo yo sino porque lo afirma la Biblia.

En este asunto quiero hacer una llamada de atención. Creo que toda persona de bien estará de acuerdo si digo que a Dios jamás se le habría ocurrido enviar espíritus malos contra nadie, sin embargo, es evidente que Yahvé, dios padre y señor nuestro, era diferente.

Hace una eternidad

El hombre, estresado por el ajetreo de sus ocupaciones, busca la soledad para encontrar la paz interior y para conocerse a sí mismo; justo lo contrario le debió ocurrir a Yahvé que, teniendo la paz absoluta, buscó enredarse en la Creación. Aunque, también es justo reconocer que muchos grandes artistas han realizado sus mejores obras ayudados por el aislamiento, y eso es lo que debió suceder con Yahvé que, gracias a aquella eterna soledad, ideó el Proyecto Perfecto.

Basándome en la Revelación, en la Tradición, en los Dogmas y en la Fe, he de creer firmemente lo que sigue:

Hace ya una eternidad, existía un único ser al que hoy se conoce como Yahvé. Era dador de vida y santificador en potencia, porque todavía no había practicado, y era, a su vez, Hijo y Espíritu. Es decir, era algo así como un solo ser en Tres Personas distintas en sí mismas, aun cuando no eran distintas por su naturaleza, que es la divina en las tres, sino por sus distintas figuras y comportamientos apreciablemente dispares.

Lo anterior puede comprenderse mejor desglosando cada una de las personalidades. Así el Padre, que ni fue creado ni engendrado, lo que viene a significar que es el principio-sin principio, en realidad fue el principio de la vida en comunión con las otras dos personas. El Hijo fue engendrado por la tercera persona y, aunque por esta circunstancia no debería ser considerado eterno, en realidad sí que lo era, o lo es, y, además, consustancial con el Padre. Esto, dicho de otra forma todavía más comprensible, significa que Yahvé es al mismo tiempo Padre engendrador e Hijo engendrado. Y el Espíritu, que procede del Padre y del Hijo, es algo así como el soplo de amor de ambos y, sin embargo, es también persona. Además, es conveniente recordar que las tres personas poseían, y poseen, unos atributos exclusivos: omnipotencia, omnisciencia, ubicuidad y muchos otros más, todos en grado infinito, tales como: amor, bondad, caridad, paz...

Lo anterior no es de mi cosecha, sino que son palabras de la Iglesia Verdadera. Pues bien, una vez debidamente demostradas y, por tanto, aclaradas las verdades fundamentales anteriores, ya estoy en disposición de narrar los hechos siguiendo su cronología.

Habiendo transcurrido toda una eternidad de paz y tranquilidad en la nada, resulta que el Creador todavía no había ejercido como tal. Aunque la verdad es que en este punto no tengo las cosas todavía muy claras, pues no sé a ciencia cierta si el Hijo fue engendrado hace solo dos milenios o si aquello fue un mero acto de presentación en sociedad del Vástago Oculto, puesto que, en realidad, ya existiría desde la eternidad aunque agazapado, pues nadie había hablado de él, ni siquiera el Padre, ni tampoco Moisés, el detentador primigenio del oráculo divino. Fuera como fuese, lo cual no importa, el asunto es que hace una eternidad comenzó a fraguarse el Proyecto Divino.

Como todo en Yahvé era, y es, infinito y eterno, es de suponer que su sensación de soledad también sería infinita y eterna, por eso es fácil comprender la infinitud del anhelo de aquellas Tres-Personas-en-Una por acabar cuanto antes con su eterna soledad. Además, es posible que la ociosidad y la inactividad no encajaran con su personalidad. No obstante, lo que ningún sabio ha sabido explicar hasta ahora es por qué fueron tan lentos en tomar la decisión de crear, ya que consumieron una eternidad pensándolo.

Ahora bien, parece razonable creer que el objetivo final de tan magno proyecto –perdón, he de aclarar que somos los humanos quienes lo consideramos magno, aunque para la Trinidad era infinitamente más pequeño que una nimiedad-... decía, que es razonable creer que el objetivo era que, durante la eternidad venidera, las Tres-Personas-en-Una vivieran rodeadas en exclusiva de unas criaturas de bondad encantadora y fidelidad inquebrantable, en concordancia con el creador; pero ya se sabe, por los acontecimientos ocurridos desde entonces, que esa lógica humana no encajaba con el pensamiento de Yahvé plasmado en su Proyecto.

Por otro lado, es justo reconocer que él, inmerso en la nada absoluta, no tenía quien lo adorara como se merecía. Y comenzó a desarrollar la mejor idea para cambiar aquella situación. Es posible que, después de todo, Yahvé tuviera ramalazos humanos -nos creó a imagen y semejanza suya-, por lo que no es de extrañar que se embarcara en tan tremendo lío con tal de tener a su alrededor gente que lo reconociera. Es el único motivo racional. Así debió ser. ¿De qué le servía ser quien era si estaba solo? Su Ego le urgía a crear seres que se extasiaran al contemplarlo, lo cual elevaría su complacencia a niveles infinitos. Y, por qué no, hasta es posible que quisiera desfogar su deseo de justa venganza castigando duramente a sus criaturas. Ya había pasado una eternidad en solitario y no estaba dispuesto a que transcurriera otra eternidad en la soledad y ociosidad absolutas, y para conseguir su anhelo diseñó las mejores soluciones posibles para afrontar los problemas que conllevarían sus ideas.

Y diseñaron el mundo material para sentirse reconocidos y adorados.

Y les pareció bien.

El bien y el mal

Catecismo 284.

No se trata solo de saber cuándo y cómo ha surgido materialmente el cosmos, ni cuando apareció el hombre, sino más bien de descubrir cuál es el sentido de tal origen: si está gobernado por el azar, un destino ciego, una necesidad anónima, o bien por un Ser trascendente, inteligente y bueno, llamado Dios. Y si el mundo procede de la sabiduría y de la bondad de Dios, ¿por qué existe el mal?, ¿de dónde viene?, ¿quién es responsable de él?, ¿dónde está la posibilidad de liberarse del mal?

Tal como habían ideado, diseñaron la maldad; todo lo malo que se les pudo ocurrir que, evidentemente, fue demasiado. Y esto que digo es de una lógica aplastante en correspondencia con los dogmas, ya que antes de la Trinidad nada había, todo ha sucedido después, y no pudo haber intromisión de nadie, pues nadie había. Por lo tanto, la conclusión es irrefutable: La Trinidad eterna ideó, diseñó y creó el mal. He aquí una prueba:

ISAIAS 45,7. Yo soy el Señor... y creo la luz y creo la oscuridad. Yo hago la paz y creo el mal.

La razón me lleva a concluir que el bien y el mal son complementarios. El bien necesita del mal y viceversa; esta es una idea genial que solo puede ser obra de Yahvé. En efecto, si todo en el Universo fuera bueno y bonito, al carecer de la comparación con lo malo y lo feo, no tendríamos interés por lo hermoso. Es necesaria, pues, la existencia de la maldad y la fealdad para que sepamos apreciar la bondad y la belleza. Pero esto es así porque su autor fue Yahvé; sin embargo, creo que Dios habría tenido interés y capacidad en crear un universo donde reinara el bien desde el comienzo al fin de los tiempos, y ello sin la necesidad de mal. Es seguro que Dios habría sabido, podido y querido hacerlo así. Pero, ¿y Yahvé?

LAMENTACIONES 3,38. ¿No proceden de la boca del Altísimo los males y los bienes?

El Catecismo de la Iglesia Verdadera me certifica una gran verdad cuando, en el apartado -La providencia y el escándalo del mal-, leo:

338. <Nada existe que no deba su existencia a Yahvé Creador.>

Confirmando así esta Verdad: la existencia del mal se la debemos en exclusiva a Yahvé. Ahora bien, antes, Catecismo se pregunta:

310. ¿Por qué Yahvé no creó un mundo tan perfecto que en él no pudiera existir ningún mal?

Y la respuesta que se concede es digna de la mente más preclara:

...en su sabiduría y bondad infinitas, Yahvé quiso libremente crear un mundo "en estado de vía" hacia su perfección última.

Eso viene a significar que Yahvé, en vez de crear el bien como el ideal del comportamiento absoluto, creó el mal para que pudiera convertirse en bien. No obstante, el Catecismo no aporta una aclaración del por qué la Iglesia Verdadera conoce con detalle lo que pensó Yahvé hace casi una eternidad.

Sin embargo, creo que la verdadera respuesta es mucho más sencilla y está implícita reiteradamente en la propia Revelación; es por eso que no atisbo a comprender por qué, quienes saben demasiado, no la han deducido después de dedicar milenios al estudio de la Palabra.

JOSUÉ 24,20. Yahvé volverá para traer el mal contra vosotros.

Yahvé no creó un mundo perfecto en el que no pudiera existir ningún mal porque, sencillamente, sin la existencia del mal su Proyecto no hubiera podido desarrollarse. He aquí la prueba irrebatible de tal afirmación: No hay más que coger una Biblia y eliminar el mal de raíz desde Génesis... ¿Verdad que era conveniente y necesario el mal para que se pudieran escribir los libros de la Biblia? Nadie me negará la evidencia de que, sin ese mal, el Libro Sagrado no tendría razón de ser, ni todo lo que vino después.

¡Ah! Algo que conviene recordar y tener siempre presente, y que la Revelación corrobora, es que el concepto del bien y del mal es anterior a la creación del hombre; pese a que la Iglesia Verdadera intente inculcar lo contrario.

GÉNESIS 3.22. Y dijo Yahvé: Ahora el hombre se ha vuelto como uno de nosotros, pues sabe lo que es bueno y lo que es malo.

Hay gente a la que se le ha ocurrido llegar a decir que Yahvé no supo o no pudo crear un mundo exento del mal, sin embargo, a esa gente maldiciente, les digo que lo sucedido fue que Yahvé no quiso hacer una Creación absolutamente inclinada al bien, y ello porque, sencillamente, no le encajaba con su diseño creativo.

No obstante, todo lo dicho, lo más sorprendente de estas reflexiones, a mi entender, es llegar a la conclusión de que, como la Trinidad la formaban las Tres-Personas-en-Una desde el principio de los tiempos, el Hijo tuvo que participar necesariamente en la creación del mal. Así fue, el Hijo que, según ha sido revelado, se encarnó en Jesús fue copartícipe en la idea, diseño y creación de la maldad.

Más Catecismo

Catecismo 311.

Porque Yahvé Todopoderoso... por ser soberanamente bueno, no permitiría jamás que en sus obras existiera algún mal, si Él no fuera suficientemente poderoso y bueno para hacer surgir un bien del mismo mal (S. Agustín, enchiridión 11,3).

Y Agustín de Hipona, santísimo él, reconoció lo que acabo de decir, aunque, pese a su sabiduría teologal, dio muestras de no conocer bien el plan de Yahvé. Así, cuando dice que "no permitiría que en sus obras existiera el mal", demuestra no haber meditado el asunto. La realidad es totalmente contraria a lo escrito por Agustín, pues Yahvé sí permitió, y permite, que en sus obras existiera, y exista, el mal, porque así lo requería su

Proyecto. Estas son algunas evidencias que relacionan las obras de Yahvé con el mal.

Los ángeles que creó, de los que salieron los demonios.

Las almas que crea, a las que él mancha con el pecado.

Las bacterias qué creó, que provocan las epidemias y enfermedades.

El planeta Tierra que creó, que arrasa con sus cataclismos.

El clima que creó, que asola con las sequías y las hambrunas.

La Naturaleza que creó, que perdura gracias a que el poderoso devora al débil.

Porque, si Yahvé no hubiera diseñado los ángeles, no habría demonios y no se vería obligado a crear almas marcadas con el pecado. Si Yahvé no hubiese ideado los microorganismos dañinos, no sufriríamos enfermedades y, consecuentemente, nunca habría podido castigar con epidemias. Si Yahvé hubiera diseñado un planeta sin cataclismos, nos hubiéramos ahorrado millones de muertos, sobre todo al haberle sido imposible provocar el Diluvio Universal. Si Yahvé no hubiera incluido en su proyecto las sequías y las hambrunas, hoy no sufrirían de hambre mortal en los países del Tercer Mundo. Y si Yahvé hubiera previsto una Naturaleza menos cruel, seguramente los débiles no padecerían el acoso de los poderosos y, quizás, no se habría podido celebrar la Pascua previo degüello de los corderos.

Agustín siguió mostrando una candidez insoportable cuando afirmó que Yahvé había previsto que de cada mal, para compensarlo, surgiera un bien. Eso es tanto como asegurar que de la violación de una chica puede surgir un lindo bebé que de mayor sea un fiel seguidor de Yahvé. O que de un asesinato puede surgir un alma que vaya directamente al cielo.

La Gloria y el Infierno

Y dijo Yahvé: Diseñaremos las criaturas con una inclinación potencial hacia el mal. Unas pocas resistirán, pero la mayoría sucumbirá. Por lo cual, crearemos dos lugares distanciados entre sí y muy diferentes uno del otro. Uno de esos lugares, más reducido, tendrá una visión directa hacia nuestras personas, donde morarán quienes resistan al mal, mientras que en el otro lugar, con una superficie colosal, arderá el fuego eterno, y será la morada de quienes sucumban al mal.

Y diseñaron el Cielo y el Infierno,

Y les pareció bien.

Aunque Yahvé no requería de un espacio concreto y limitado donde habitar, pues era ubicuo y espíritu puro, sin embargo, los ángeles, que, según dicen los entendidos, no poseen el atributo de la ubicuidad, sí necesitaban un lugar donde desenvolverse, pese a ser espíritus; además este sitio sería idóneo para las almas de las futuras criaturas que fueran ganándose el premio de convivir con ellos junto a Yahvé... y así nació el concepto de Cielo.

Desde la antigüedad los dioses moraban en lo alto, sin necesidad de especificar el lugar exacto. Además, allí estaban el Sol, la Luna y otros misteriosos planetas -que para algunos eran dioses excepcionales-; también de allí provenían extraños fenómenos como el viento, la nieve, la lluvia, los truenos y los rayos. A causa de toda esa antigua leyenda, el pueblo elegido no se extrañó de que Enoc fuera transportado hacia arriba por la mano de Yahvé, ni que Elías subiera a los cielos en un carro de fuego. También, y como algo de lo más natural, contemplaba aquella Gloria de Yahvé, camuflada como una densa nube, surcando las alturas y trasportándole en sus correrías guerreras por el Sinaí en busca de la Tierra Prometida.

Esa idea de los dioses morando en el cielo es lo que se conoce como Tradición de Leyenda. Pues bien, todos esos antecedentes motivaron que, llegada la hora de la verdad, el Hijo también subiera en una nube hasta ese lugar desconocido. Y hasta María, después de muerta, fue elevada al Cielo y, desde entonces, se la suele representar sobre unos cúmulos nubosos...

No obstante, esas imágenes tradicionales del Cielo y el Infierno, tan fundamentales para el buen desarrollo del Plan divino, el ex Papa Benedicto XVI recibió la inspiración del Espíritu y contó que el Cielo ya no es un lugar determinado allá en lo alto, hacia donde se dirigieron Enoc, Elías, ambos en cuerpo mortal, y Jesús en cuerpo glorioso. Ahora, Su Santidad ya sabe que el Cielo no corresponde a un área concreta del universo, y lo aclaró mejor al decir: "es algo difícil de definir con los conceptos humanos, que es algo así como tener fe en la salvación de las almas después de la muerte." A mi entender, el Espíritu debería haber inspirado eso hace mucho tiempo; porque está claro que, para aquellas gentes primitivas, entre las que podría incluirse al personaje de Jesús, allí arriba se encontraba la Morada de las personas buenas pero, por lo revelado, Yahvé no quiso desilusionarlos.

Y las malas personas estarían, por lógica deductiva, en el sitio opuesto, abajo. Y en aquel entonces, como la Tierra todavía era plana según la ciencia bíblica, ese lugar, emanado del inframundo mesopotámico, no podía estar sino debajo de la tierra firme. El sitio era perfecto, los volcanes escupían fuego desde las entrañas, por lo tanto allí arderían los malos... y así inculcaron en los creyentes la imagen del Infierno. Pero, dado que me aseguran que Yahvé es ubicuo, es decir, que está en todas partes, estoy por creer que Yahvé también está en el Infierno... aunque solo sea a ratos; es decir, que no será un lugar tan malo, pues allí también se tiene, a ratos, la oportunidad de contemplar la Gloria de la visión del omnipresente Yahvé.

El Catecismo explica con todo lujo de detalles lo que es el Cielo, y para qué se utiliza, según la Revelación recibida:

Catecismo 326.

"El cielo" o "los cielos" puede designar el firmamento, pero también el "lugar" propio de Yahvé: "nuestro Padre que está en los cielos", y por consiguiente también el "cielo", que es la gloria escatológica. Finalmente, la palabra "cielo" indica el "lugar" de las criaturas espirituales -los ángeles - que rodean a Yahvé.

Se ha de tener en cuenta, además, que aquella especie de Gloria, envuelta en una densa nube, que necesitaba utilizar Yahvé en sus desplazamientos, y ello pese a sus atributos, tendría una capacidad limitada; por lo tanto, era imprescindible habilitar otro lugar en el espacio exterior con cabida suficiente para acoger a la esperada avalancha de adoradores. Aquella Gloria debió ser un extraordinario diseño divino. Según afirma la Palabra, tanto Yahvé como sus ángeles necesitaban en sus horas de teofanías de un espacio físico transportable en el que desenvolverse y trasladarse; por eso tuvieron que crear esa especie de densa nube anexa a la Gloria, que el pueblo podía contemplar cómo se desplazaba bajo la bóveda celeste. Es obvio que Dios no necesitaría trasladarse puesto que es ciertamente Omnipresente.

Y diseñaron la Gloria como Morada para moverse por la atmósfera terrestre.

Y les pareció bien.

Sin embargo, esa misma Revelación silencia la manera en que los demonios se desplazaban, y desplazan, en sus correrías terrenales. Si se cree firmemente en la realidad de la Gloria para los desplazamientos de Yahvé y los ángeles, también se de creer en un antónimo –Vulgaridad, Padecimiento o como se quiera llamar- para denominar al objeto, o lo que sea, en el que se trasladan Satanás y sus demonios.

Los ángeles

Cuentan que Yahvé era omnipotente y ubicuo, por lo cual no necesitaba ayuda para llevar a cabo su proyecto; sin embargo, consideró conveniente la existencia de unos seres espirituales inmortales que, además de servirle en las tareas de creación y mantenimiento, iban a ser componentes indispensables en el desarrollo de la trama.

Y diseñaron los ángeles inmortales, tanto a los que iban a ser leales como a los que se rebelarían.

Y les pareció bien.

El Catecismo ofrece la prueba fehaciente e irrefutable de la existencia de los ángeles:

Catecismo 328.

La existencia de seres espirituales, no corporales, que la Sagrada Escritura llama habitualmente ángeles, es una verdad de fe.

La contundencia de esta prueba y, en especial, lo que se conoce de otras culturas paganas muy antiguas, que ya creían en los ángeles antes de la fundación del judaísmo, certifican la realidad de esos seres celestiales.

En la antigua Persia representaban a los querubines como guardianes de los templos de sus dioses, y los judíos, durante su deportación a Babilonia, debieron asumir la verdad incuestionable de aquellas imágenes, por eso, cuando regresaron del exilio, consideraron conveniente incorporar esas figuras paganas a Génesis con el fin de presentarlas como guardianes del Paraíso de Edén. Aquí no queda más que reconocer la genialidad de la idea de Yahvé para dar a conocer a su pueblo, de forma sutil, la imagen de los seres celestiales. Había ideado que, siglos antes de la deportación, inculcaría en las mentes de los infieles persas las imágenes de sus querubines, así, gracias a este inteligente proceder, el pueblo judío dispuso de tiempo suficiente para empaparse de la configuración antropomórfica de los querubines y además de mitos de las doctrinas paganas que incluirían en la Revelación.

Tiempo después, ya no hubo inconvenientes para que unas copias exactas de aquellos querubines persas se esculpieran para proteger el Arca de la Alianza, y eso pese a que estaba prohibido por Ley hacer imágenes de lo de allá arriba, ¡y mucho más si provenían del paganismo! Todo lo cual supone otra prueba irrebatible de que fueron diseñados por Yahvé, que se encargó de darlos a conocer en otros pueblos paganos antes que en el suyo propio.

EZEQUIEL 10,5. Y el estruendo de las alas de los querubines se oía hasta el atrio de afuera...

No obstante, el diseño que Yahvé había ideado para conformar los querubines choca frontalmente con la imagen de sosiego que el creyente pueda hacerse de esos seres espirituales. La Revelación se ha encargado de informar que Yahvé quería seres muy ruidosos a su lado, aunque todavía no se ha revelado el motivo de tal particularidad tan desagradable.

Por otro lado, en las epístolas a los Colosenses y a los Efesios se da a entender algo, para mi gusto, decepcionante: En el Cielo existen jerarquías, así fue ideado por Yahvé. O sea, cuando, una vez muerto, crees que te has desprendido para la eternidad del "ordeno y mando" del jefe, resulta que llegas al Cielo todo ilusionado y te encuentras con un escalafón celestial en el que eres considerado como simple tropa fiel a las órdenes de los superiores. La verdad es que me desilusiona bastante intuir que esas jerarquías sean necesarias para mantener el orden. Es como en el ejército: Generalato, Jefes, Oficiales, Suboficiales y Tropa; y cada categoría subdivida en grados.

Allá arriba, los creyentes se encontrarán con el siguiente escalafón de mando: Todopoderosos (Yahvé, Hijo y Espíritu), Primera Jerarquía (serafines, querubines y tronos), Segunda Jerarquía (dominaciones, virtudes y potestades), Tercera Jerarquía (principados, arcángeles y ángeles) y, finalmente, los neófitos, los simples fieles adoradores (santos, beatos y el resto). Y dentro de esas categorías, usted y yo, con suerte, estaremos en lo hondo del escalafón, seremos "el resto".

Visto lo cual, me surge una pregunta a la que la Revelación no me da respuesta. ¿Por qué existen distintas categorías entre el personal que mora junto a Yahvé? ¿Acaso allí es necesario repartir las faenas diferenciadas por la fatiga del puesto o la aptitud del ángel o de la persona?

Sea como sea, lo cierto es que Yahvé, previendo el duro trabajo que le esperaba tras la Creación, decidió contar en su Proyecto con la ayuda de los ángeles. Con este proceder, nuevamente demostró su omnisciencia, pues solamente hay que imaginarse el desastre de organización que sería todo esto si únicamente estuviera Yahvé atendiendo a todo. Sin embargo, creo firmemente que Dios se habría bastado por sí solo para gobernar sin ayudas.

El Catecismo demuestra el cometido:

329. <Con todo su ser, los ángeles son servidores y mensajeros de Yahvé.>

Y algo que nunca se ha de olvidar:

336. <Cada fiel tiene a su lado un ángel como protector y pastor para conducirlo a la vida.>

Resulta muy reconfortante saber que en todo momento de mi vida siempre tendré a mi lado un ángel que me guíe. Ahora bien, al hablar de protección y conducción, ¿se está refiriendo al aspecto espiritual o al material o, tal vez, a ambos? Me intranquiliza no saber a ciencia cierta en qué consiste esa "conducción por la vida" ni dónde está la prueba evidente de esa afirmación. Si la ayuda fuera espiritual, mi ángel debería darme un toque cada vez que cometo pecado, sin embargo, no aprecio esa advertencia. Y si hubiera también ayuda material, jamás habría cometido errores de bulto; obviamente esta clase de ayuda tampoco la he recibido.

Pues bien, es posible que la respuesta a estas dudas venga relacionada con eso que dice el Catecismo de que "cada fiel tiene a su lado un ángel", ya que me daría a entender que no soy considerado fiel, por lo que no tengo derecho a un ángel a mi lado, lo cual supondría una injusta discriminación: ¿Acaso solo tienen ángeles a su lado los fieles a Yahvé? Es posible que la respuesta sea afirmativa, con lo cual habría un ahorro considerable de seres celestiales.

Intuyo que Yahvé debería ser el más lógico de los seres, por eso considero que, en un principio, solo crearía unos cuantos ángeles para las primeras faenas y para salvaguardar a los primeros seres humanos. Con el paso del tiempo debió de haber seguido creando más y más ángeles conforme se incrementaba la población mundial. Así, en el momento en que una criatura está a punto de nacer, Yahvé sabe si va a ser "fiel" o no, por lo tanto, creará, o no, el ángel de la guarda que le corresponda. Pues igual que sucede cuando alguien se convierte al catolicismo y le es asignado al instante su correspondiente ángel, sospecho que lo contrario sucederá a quien reniega de la Iglesia Verdadera, al que inmediatamente se le requisa al ángel de la guarda que tenía asignado. Como se ve, es preciso un control minucioso de las circunstancias de cada individuo. No me extraña que, pese a ser omnipotente, sea imprescindible para Yahvé la ayuda de tanto ángel.

Los demonios

Catecismo 290.

"En el principio, Dios creó el cielo y la tierra": tres cosas se afirman en estas primeras palabras de la Escritura: el Dios eterno ha dado principio a todo lo que existe fuera de Él. Solo Él es creador (el verbo "crear" —en hebreo bara— tiene siempre por sujeto a Dios). La totalidad de lo que existe (expresada por la fórmula "el cielo y la tierra") depende de Aquel que le da el ser.

Dice el dicho popular que mejor es estar solo que mal acompañado... Pero Yahvé creó a Satanás, y así lo certifica el Catecismo: -la totalidad de lo que existe depende de Aquel-.

Y dijo Yahvé: Nuestro proyecto requiere la presencia de unos seres que siembren el mal que previamente habremos creado, ellos ocuparán el Infierno que crearemos.

Y diseñaron la desobediencia de Satanás.

Y les pareció bien.

Yahvé había previsto una lucha entre ambas facciones de ángeles. Los vencedores ganarían el cielo y los perdedores serían arrojados al fuego eterno del infierno. Y así sucedió. En efecto, Yahvé ideó que un grupo de esos ángeles optaría por el bien y otro por el mal. Sin embargo, en este asunto hay algo que no está suficientemente aclarado ni en la Revelación ni en la Tradición. Veamos lo que dice el Catecismo sobre los ángeles:

330. En tanto que criaturas puramente espirituales, tienen inteligencia y voluntad: son criaturas personales e inmortales. Superan en perfección a todas las criaturas visibles.

Dado que nadie revela nada en sentido contrario y, además, es razonable creerlo, se ha de convenir que Yahvé, en el momento de diseñarlos y crearlos, no hizo distinción, en cuanto a virtudes y atributos, entre los ángeles que permanecerían fieles y los que se habrían de rebelar. Por eso, la verdad sea dicha, me parece muy duro aceptar que los demonios, que aunque sean rebeldes no dejan de ser ángeles, superen en perfección a todas las criaturas visibles; reconozco que, antes de leer esto, estaba convencido de que los demonios eran criaturas horripilantes, seguramente porque así me lo habían asegurado en las catequesis.

Los ángeles, según el esquema trazado, eran fundamentales para establecer el concepto de pecado y expandir sus consecuencias y, tal como estaba previsto, un grupo de aquellos entes celestiales se sublevó. Ahora bien, el Catecismo, que se las sabe todas, asegura que son inteligentes, pero ¿cuál era, y sigue siendo, el nivel de inteligencia de los ángeles? Como decía, no creo que en el Proyecto Divino hubiera una discriminación respecto al Cociente Intelectual de ambas facciones de ángeles; por lo que estimo que todos los ángeles fueron diseñados con idéntico nivel. Siendo así, reflexiono: ¿Cuál es la actitud de un general enfrentado a un ejército enormemente superior en armamento y tropa? A poco que su mente razone y por muy ambicioso que sea, siempre intentará un armisticio con el adversario. Lo inteligente no es enfrentarse al poderoso sino aliarse con él; y si Yahvé era omnipotente, y Satanás debía saberlo, la única explicación posible de su enfrentamiento con Yahvé es que fuera tonto de remate y con un elevado endiosamiento. Así que ya tengo otra deducción lógica:

Y diseñaron a todos los ángeles con un Cociente Intelectual por debajo del "border line". O sea, más bien torpones.

Y les pareció bien.

¿Por qué Yahvé no eliminó a aquellos ángeles rebeldes? Es muy sencillo: No quiso eliminarlos porque eran actores imprescindibles en su proyecto. Y la prueba de ello es que, según cuentan quienes conocen el pensamiento de Yahvé, él creó inmortales a los ángeles. Y sucedió así, evidentemente, para que nadie, ni siquiera Yahvé, en un arrebato de justa venganza, pudiera deshacerse de los necesarios demonios y destrozar su plan; por eso, la mejor idea posible que se le ocurrió fue crearlos indemnes a la muerte. Y vistos lo resultados, es cierto que la inmortalidad de los ángeles ha de ser auténtica, pues es de sobras conocido que, en la lejanía de los tiempos, hubo una batalla entre ángeles y que un bando contó con el apoyo del todopoderoso, lo cual hubiera supuesto la aniquilación fulminante y definitiva de los sublevados. Y como no sucedió así, se ha de deducir que los ángeles, de uno y otro bando, eran y son inmortales. Y tal como Yahvé había previsto, se vio obligado a dejarlos vivir, aunque fuese en el Infierno. Con esta artimaña creativa los demonios podrían dedicarse a su labor tentadora prácticamente sin oposición. Y la prueba de que Yahvé necesita de la colaboración de Satanás la da la propia Revelación:

JOB 1,6. El día en que los hijos de Yahvé fueron a presentarse ante él, también Satanás estaba en medio de ellos. Yahvé le dijo: ¿De dónde vienes? Satanás respondió: De rondar por la tierra, yendo de aquí para allá.

Estoy convencido de que siempre que se lee este versículo por primera vez, instintivamente se vuelve a releer pues se piensa que es un error tipográfico. Pero luego, al analizarlo, se observa que es de lo más razonable; pues, tanto esos hijos como el propio Satanás fueron creados por Yahvé. Por ello, todos se consideraban pertenecientes a la misma familia, y lo que nos cuenta Job era un asunto de una reunión familiar. No obstante, aquí me surgen unas tremendas dudas sin aclarar. Según esa Revelación, estoy obligado a creer que Satanás confraternizaba con Yahvé y el resto de los ángeles; pero, según el Catecismo, el Hijo bajó a la profundidad y aniquiló al Diablo, lo cual me parece, además de una actitud impropia entre familiares, una incongruencia irremediable.

Catecismo 635.

Cristo, por tanto, bajó a la profundidad de la muerte para "que los muertos oigan la voz del Hijo y los que la oigan vivan". Jesús, "el Príncipe de la vida" aniquiló "mediante la muerte al señor de la muerte, es decir, al Diablo y libertó a cuantos, por temor a la muerte, estaban de por vida sometidos a esclavitud".

Pero hay más. Si es cierto que el Hijo aniquiló mediante la muerte al Diablo, debería explicarse, primero, cómo pudo hacerlo, puesto que Yahvé lo creó como ángel inmortal; segundo, si fue eliminado, cómo siguen diciéndonos que el Diablo no ceja de incitarnos al pecado y que, incluso, se apodera de los posesos.

Y mucho más. Ya comenté que es posible que al principio de los tiempos, cuando la población mundial era escasa, el trabajo de los ángeles era mucho menor que hoy en día, incluso, los primeros ángeles rebeldes, aun siendo pocos, se bastaban para hacer eficazmente su trabajo, pero, conforme crecía la población humana, es lógico creer que no pudieron abarcar tantas y necesarias tentaciones; además, la Iglesia Verdadera corrobora que el género humano es cada día más depravado. Todo ello me lleva a concluir que, necesariamente, el número de demonios, igual que el de ángeles buenos, ha debido ir creciendo con el paso de los milenios, es decir, con el fin de atender al incremento poblacional... ¡Yahvé sigue creando más demonios cada día!

Y para acabar con estos asuntos demoníacos, hay algo que me preocupa. La Iglesia Verdadera es propensa a denominarlo como <el adversario>. ¿Adversario de quién? Creo que se refiere a la consideración de Satanás como adversario de Yahvé. De ser así, hay que deducir que la Iglesia Verdadera tiene en muy baja estima a Yahvé, dios padre y señor nuestro, pues considera que no es tan omnipotente y, por eso, pueden existir adversarios suyos. Se sabe que es imposible que Dios pudiera tener oponente alguno, sin embargo, ha sido revelado que el propio Yahvé, para desarrollar su Plan, creó a su propio rival. Esta es una prueba irrefutable de que el concepto de Dios es contrario al comportamiento de Yahvé, el padre del Hijo, Jesucristo.

Y a todo esto, ¿dónde estaba el Hijo? Pues es muy fácil, el propio dogma lo certifica: El Hijo, como Segunda Persona consustancial, participó en la idea, diseño y creación de los demonios, esos mismos entes que le obligarían a humillarse ante los humanos.

El alma

De la lectura bíblica se extrae la conclusión de que sus autores no tenían muy claro en qué consistía el alma. El desconcierto es patente. Unos creían que era inseparable del cuerpo, al que le daba la vida. Otros llamaban alma a todo ser vivo, incluidos los animales. El alma es la vida misma y puede ir al sepulcro. Los había que diferenciaban el alma del espíritu; según estos, el espíritu nunca muere sino que vuelve a Yahvé, mientras que el alma sí puede morir. Esta idea es bastante generalizada en la Biblia, donde no se asocia al alma con la inmortalidad.

Lo cierto es que el concepto moderno del alma se debe más a Platón y, en especial, a Aristóteles que a la Revelación de Yahvé.

GÉNESIS 2,7. Entonces Yahvé Dios formó al hombre con polvo de la tierra; luego sopló en su nariz un aliento de vida, y el hombre tuvo aliento y vida... De la costilla que Yahvé había sacado al hombre, formó una mujer y la llevó ante el hombre.

Es posible que el Catecismo llegue a convencer de la existencia del alma:

362. El relato bíblico expresa esta realidad con un lenguaje simbólico cuando afirma que "Yahvé formó al hombre con polvo del suelo e insufló en sus narices aliento de vida y resultó el hombre un ser viviente".

Y a la vista de esta verdad indubitable me asalta la terrible duda, que ya he citado: Si Yahvé insufló en las narices del hombre aliento de vida y resultó un ser viviente, ¿he de deducir que la mujer no resultó un ser viviente porque no fue insuflada en sus narices con el imprescindible aliento de vida de Yahvé? Más concreto: ¿Tiene alma la mujer? La pregunta está motivada porque en Génesis no se narra la insuflación femenina. No obstante, y siendo bien pensado, he de suponer que todo se debe a un simple olvido de Yahvé durante el proceso inspirador de la Palabra o al machismo generalizado en la Biblia.

Estos deslices llenan las mentes de los sabios de la Iglesia <Verdadera> de ideas nefastas para la mujer. Tal es el ejemplo de Santo Tomás de Aquino que estaba convencido de que las mujeres son producto del semen defectuoso. Y este individuo fue nombrado doctor en Teología... Así les va.

A Yahvé se le ocurrió que él mismo sería el encargado de crear todas y cada una de las almas. Lo certifica el Catecismo:

366. La Iglesia enseña que cada alma espiritual es directamente creada por Yahvé (cf. Pío XII, Enc. Humani generis, 1950) -no es "producida" por los padres -, y que es inmortal (cf. Cc. de Letrán V, año 1513): no perece cuando se separa del cuerpo en la muerte, y se unirá de nuevo al cuerpo en la resurrección final.

Pues bien, nadie ha aclarado hasta la fecha si Yahvé había proyectado ir creando cada una de las almas conforme las fuera necesitando o, bien, creó un stock de miles de millones de almas para abastecer todos los cuerpos hasta el final de los días. Según lo revelado, me inclino por esta última posibilidad, pues él mismo dijo que, a partir del séptimo descansó. Lo que sí está comprobado es que Yahvé, que previamente a la concepción de todos y cada uno de los seres humanos ha creado las almas que los acompañarán, en virtud de aquel desliz primigenio, las mancha adrede con un Original Pecado.

EZEQUIEL 18,19. El alma que pecare, esa morirá; el hijo no llevará el pecado del padre, ni el padre llevará el pecado del hijo; la justicia del justo será sobre él, y la impiedad del impío será sobre él.

Recomiendo no hacer un excesivo caso a lo escrito ante el riesgo de anonadamiento. El Catecismo afirma que el alma es inmortal y que todos heredamos el Pecado Original, pero la Biblia asegura que ciertas almas morirán y que nadie heredará el pecado de otro.

En este asunto, es justo reconocer la ardua tarea que la Iglesia Verdadera impuso a Yahvé pues, siendo el único creador posible, el creyente está obligado a aceptar que él crea decenas de miles de millones de almas y que, en contradicción con su pureza infinita, las tiene que manchar con la impureza del Pecado Original. Y tras ese mal trago de Yahvé, todo vuelve a la normalidad con la actuación de algún simple humano con casulla que, elevándose por encima de la categoría divina, se arroga el poder de limpiar lo que Yahvé ha manchado. ¡Es un Plan divino fantástico! Yahvé, en el principio de los tiempos, ideó que se vería obligado a crear almas y mancharlas con el Pecado Original para que, más tarde, un simple hombre, denominado sacerdote, las limpiaría en su nombre y en un santiamén.

Ahora bien, es ampliamente sabido, porque así lo cuentan los sabios, que lo que hiciera Dios no podría ser deshecho por los hombres. No obstante, con Yahvé ocurre lo contrario, pues ha sido revelado que su ímproba labor, la de manchar adrede las almas, es rectificada por la Iglesia Verdadera.

En el principio de los tiempos, la Trinidad se planteó el problema de cómo inculcar en la mente humana la idea del alma y decidieron la mejor solución.

De una parte, ellos nada dirían al respecto, sería el secreto mejor guardado durante milenios. Tanto el Pueblo Elegido, como los sacerdotes judíos, incluso, profetas y santos varones vivirían desconociendo la realidad del alma.

La Humanidad entera esperaría hasta que los griegos fueran debidamente inspirados al respecto. Y así sucedió. Tal como Yahvé había diseñado, fue Platón quien recibió el oráculo divino para escribir sobre tan extraordinario componente de nuestro ser. Gracias a este insigne filósofo, gentil y pagano, supimos las dos acepciones del alma:

Una, genérica, que permite a los seres vivos ejecutar las tareas vitales. Gracias a esta idea, ya se pudo entender aquello tan bonito del soplo de vida otorgado por el Espíritu Santo.

Otra, específica del hombre amado, tiene que ver con el principio divino e inmortal. Fue entonces cuando ya comenzamos a intuir que Yahvé era quien manchaba las almas con la herencia del pecado de Adán y Eva.

Y tal como estaba previsto en el Proyecto, la Iglesia Verdadera se quedó con esta última interpretación

Acabada la Primera Fase del Proyecto

Pues bien, Yahvé ya tenía diseñado los componentes iniciales para que su plan pudiera culminar con un éxito absoluto. Se puede constatar que los elementos estaban enlazados unos con otros y que ninguno podía desarrollarse si faltaba alguno de los otros. Todos serían imprescindibles:

- *El bien y el mal, como premisa mayor.*

- *Los ángeles, para ayudar en la labor omnipotente de Yahvé.*

- *El Cielo, para albergar a sus fieles adoradores.*

- *Los demonios, como elemento indefectible para sembrar el mal necesario.*

- *El infierno, para que las criaturas malas sufrieran eternamente.*

- *Las almas, para ser manchadas con el pecado y luego necesitar ser lavadas.*

Las Tres-Personas-en-Una dijeron: diseñaremos y crearemos a los ángeles para que, de ellos, puedan surgir los demonios, a los que no nos interesará eliminarlos. También mancharemos con el Pecado Original las almas con el fin de hacer necesario el Bautismo y la redención de las almas por parte de la Segunda Persona.

Y les pareció bien.

Segunda Fase: EL MUNDO MATERIAL

El Catecismo de la Iglesia Verdadera aporta numerosos datos sobre la Creación. Por ejemplo:

310. ...junto con lo más perfecto lo menos perfecto...

Pero la perfección es un concepto absoluto que la humanidad ha asociado con la divinidad. Mas, lo perfecto nunca podrá llegar a ser menos perfecto ya que, de ser así, se alejaría de la perfección y pasaría a ser imperfecto. O se está embarazada o no se está. O se es perfecto o no se es.

Y si el propio Catecismo afirma que Yahvé diseñó unas cosas perfectas y otras menos perfectas, es que está asumiendo que él hizo cosas imperfectas, tal como haría cualquier humano. Lo sorprendente es que la Iglesia Verdadera no encuentre argumentos para disculpar a Yahvé por haberse rebajado a diseñar obras defectuosas. Sin embargo, la explicación está a la vista: Si toda la obra de Yahvé hubiera sido perfecta, casi nada de lo escrito en el Libro Sagrado se habría producido y, de haber sucedido así, todo el Plan Divino habría sido inviable. En consecuencia, el proyecto creativo de Yahvé requería incorporar elementos imperfectos para poder lograr el objetivo ideado.

La cuestión es asumir, o no, si un ser perfecto puede hacer algo imperfecto. No me imagino a Dios creando chapuzas, sin embargo, el Proyecto de Yahvé está repleto de defectos. ¿Lo hizo a conciencia o le salió así por casualidad? Seguro que fue plenamente consciente al crear la imperfección, pues sin ella la Creación no sería lo que es sino todo lo contrario. Si todo fuera perfecto, la vida terrenal sería tan maravillosa que nadie anhelaría otra vida distinta en la Morada de Yahvé.

La Tierra

La materia es, por sí misma, impura; no obstante, Yahvé consideró imprescindible mancharse con la impureza y crear el cosmos material; pues, en aquella inmensidad, había ideado colocar un diminuto grano de arena en el que se desarrollaría el devenir de los acontecimientos fundamentales de su plan. Pero ese plan no contemplaba un planeta tranquilo.

Cualquier humano, con su escasa sesera, escogería para sus hijos amados un lugar donde habitar lo más confortablemente posible y exento de sorpresas desagradables. Pero Yahvé obró de manera infinitamente inteligente y amantísima; es por eso que consideró más conveniente que el planeta diseñado estuviera sometido a terribles cataclismos que diezmarían la población de los seres adoradores, aunque con la ventaja de que los que fueran quedando se harían más fuertes afrontando las adversidades.

Todo el estudio técnico realizado por la Trinidad se centró en el granito de arena, la Tierra. En primer lugar proyectaron la separación de lo seco respecto de lo húmedo; después idearon ríos idílicos, lagos de aguas cristalinas, verdes praderas moteadas con flores y montañas con frondosos bosques, tampoco se olvidaron de la lluvia y la nieve. Después se les ocurrió el viento que, siendo el aire en movimiento, se desataría en huracanes destructores. Y en su éxtasis creativo, se les ocurrió completar su diseño terrenal con tormentas, temporales, tornados, riadas, sequías, aludes, volcanes, terremotos, maremotos... En fin, un planeta ideal para sus amadas criaturas.

Y diseñaron el planeta Tierra sometido a cataclismos.

Y les pareció bien.

El Universo

Como Yahvé era omnipotente, no tuvo reparos en diseñar algo así como un enorme desierto para conseguir aquel granito de arena. De esa forma, toda su Infinita magnificencia se reflejó en el colosal desperdicio de energía y materia.

Es casi seguro que un sabio humano habría empezado el mundo material creando las nebulosas de las que formaría las estrellas y, pasado un tiempo prudencial, crearía los planetas. Pero Yahvé no era humano, y sabía mejor que nadie, en todo el infinito, cómo diseñar un Universo.

Esa es la única justificación posible para comprender que iniciara su proyecto con la Tierra y que, después, fuera añadiendo otros elementos, como la Luna y el Sol, acabándolo con un firmamento decorado con trillones de estrellas colosales, pero que carecían de interés práctico para su objetivo. Aquellas lumbreras serían un mero adorno en su Proyecto.

Además, se le ocurrieron cosas que, aunque serían intrascendentes para el devenir de los acontecimientos, producirían un caos espectacular, tal como sucedió con el diseño de agujeros negros que engullirían cantidades colosales de materia o los choques entre galaxias, incluso, no se olvidó de otros pequeños detalles, como los cometas y asteroides que llegarían a impactar con los planetas, entre ellos el granito de arena elegido, causando enormes destrozos muy convenientes para ir modificando las condiciones iniciales. Ya lo dice el Catecismo:

310 ...junto con las construcciones de la naturaleza también las destrucciones, con el bien físico existe también el mal físico, mientras la creación no haya alcanzado su perfección.

Por si acaso fallaban otras circunstancias que debían conducir al Fin del Mundo, Yahvé tuvo la feliz idea de que el Sol, transcurridos unos cuantos eones, se convertiría primero en estrella gigante roja y después en enana blanca, acabando irremediablemente con el planeta escogido, la Tierra.

Y diseñaron el Universo sometido a cataclismos colosales.

Y les pareció bien.

Los seres vivos

El paso siguiente del proyecto incluía la plantación de toda clase de vegetación y la creación de todas las especies de animales.

Gracias a su infinita visión de futuro, Yahvé sabía el interés que despertarían entre los humanos ciertas plantas y hongos alucinógenos (opio, cocaína, marihuana, salvia, ayahuasca, amanita muscaria, muérdago, etc.) y, con el fin de complacer a esas amadas criaturas, los incluyó en su proyecto. Estoy convencido que Dios, a sabiendas de que, en torno al consumo de la drogas, se cometerían en el futuro terribles delitos y se producirían males irremediables contra la salud y la estabilidad social y familiar, habría desechado la idea de crear esas plantas. Sin embargo, como Yahvé amaba infinitamente a la humanidad consideró conveniente que sus criaturas pudieran disfrutar fumando porros, esnifando cocaína o inyectándose heroína.

Y dijo Yahvé: con el fin de tener contentas a muchas de las criaturas que creemos, vamos a idear una parte del reino vegetal que pueda dejarlos alucinados.

Y diseñaron toda clase de plantas alucinógenas.

Y les pareció bien.

Y como había previsto la necesidad de castigar a los hombres malos con terribles plagas y enfermedades, también incluyó en su proyecto toda clase de virus y bacterias letales. Esta realidad la admite el Catecismo afirmando:

310. ...en el designio de Yahvé, junto con la aparición de ciertos seres, la desaparición de otros...

De ahí la necesidad de los microbios mortales y de las mutaciones genéticas.

Sin embargo, me sorprende que esos virus, que matan de cáncer a las amadas criaturas, no reciban el castigo divino merecido; será, seguramente, porque Yahvé no les dio la facultad de discernir y, al carecer de inteligencia, se les permite matar impunemente. ¿Es esta la mejor Naturaleza posible?

El Catecismo lo aclara definitivamente: Yahvé, dios padre y señor nuestro, fue el creador de todo lo visible y lo invisible, donde se incluyen todos los animales microscópicos.

279. "En el principio, Dios creó el cielo y la tierra". Con estas palabras solemnes comienza la sagrada Escritura. El Símbolo de la fe las recoge confesando a Dios Padre Todopoderoso como "el Creador del cielo y de la tierra", "de todo lo visible y lo invisible".

Todo fiel creyente confía en que Dios nunca haría nada que pudiera perjudicarle. Quizá, por eso, llegue a preguntarse: ¿Quién creó el virus del papiloma o el VIH? Creo que nadie, en su sano juicio, creerá que Dios, tras habernos diseñado con un hígado tan fundamental para nuestra vida, ideara, diseñara y creara los diferentes virus de la hepatitis. Tampoco debería aceptarse la implicación de Dios en la creación de otros virus y bacterias que afectan fundamentalmente a los niños. En definitiva, es seguro que Dios habría sido capaz de hacer una Creación, absolutamente viable, sin la existencia de todos esos microbios dañinos para sus amadas criaturas. No obstante, Yahvé sabía que la existencia de tales microorganismos era fundamental para el buen fin de su Proyecto, ese fue el motivo de su creación. Ahora bien, ¿sabía Yahvé que su Proyecto sería atacado con cierto éxito por el hombre? Esto no ha sido revelado, pero lo cierto es que así está sucediendo, pues aquella intención se está yendo al traste por culpa de la Ciencia humana.

Dentro de los numerosos rezos del Cristianismo, echo en falta esta plegaria que se corresponde con sus creencias:

Yahvé, tú que ideaste y creaste las enfermedades, te pido que no las hagas recaer sobre mí. Yahvé, tú que diseñaste y creaste los microorganismos patógenos, te ruego que evites que me infecten. Amantísimo Yahvé, dios padre y señor mío, ya sé que por culpa de la maldad te viste obligado a crear el cáncer, pero te imploro que me hagas inmune a esta terrible enfermedad.

Dios habría hecho una Naturaleza perfectamente viable, aunque libre de violencia. Sin embargo, el sello que más caracteriza al autor del diseño de la vida es la forma de supervivencia diseñada para los seres vivos. Es justo reconocer y admirar, como propio de una Inteligencia Infinita, el idear que, para sobrevivir, el grande se deba comer al pequeño, el fuerte al débil, el grupo al desamparado...

¡Solo a la mentalidad preclara de Yahvé se le podía ocurrir basar la supervivencia en la necesidad de ingerir otras criaturas! En la Naturaleza encontramos numerosos ejemplos de la sabiduría creativa de Yahvé. Por ejemplo, nadie en el Universo, excepto él, idearía ese instinto de la mantis religiosa que le incita devorar al macho después de la cópula. A quién, sino a Yahvé, se le podía ocurrir crear esos parásitos que se adhieren al cuerpo de sus víctimas, o se introducen en ellas, para extraerles hasta el último aliento de vida.

Y siendo la evidencia indiscutible, la Iglesia Verdadera sigue sin aportar una justificación clara y definitiva a la actitud creadora, aparentemente contradictoria, de Yahvé: Ama a todas las criaturas, pero permite que unas se coman a otras. Aunque parece intentar minimizar la barbarie al decir en el Catecismo:

340. La interdependencia de las criaturas es querida por Yahvé... las innumerables diversidades y desigualdades significan que ninguna criatura se basta a sí misma, que no existen sino en dependencia unas de otras, para complementarse y servirse mutuamente.

Lo cual puede significar que se acepta el hecho de que las criaturas no se bastan a sí mismas y necesitan alimentarse y sustentarse de otras inferiores o menos poderosas; es decir, que unas necesiten servirse de las proteínas de otras. Unas fueron creadas más débiles que otras con el fin de que las más fuertes se aprovecharan de ellas. Aunque, a continuación, se diga algo contradictorio:

Catecismo 342. Yahvé ama todas sus criaturas (cf Sal 145, 9), cuida de cada una, incluso de los pajarillos.

Creo tener razón si digo que es incongruente afirmar, por un lado, que Yahvé está cuidando de esos pajarillos cuando, por otro lado, se sabe que van a ser cazados e ingeridos por unas aves rapaces diseñadas por el propio Yahvé para ese fin.

Además, las matemáticas, otra obra divina, nunca fallan. Es por eso que si, de una parte, había que procrear y henchir la Tierra obligatoriamente y, de otra parte, no se eliminaban seres vivos, el colapso poblacional habría impedido, en dos o tres siglos, continuar con las siguientes fases del Proyecto Creativo. Por eso era ineludible diseñar que unas criaturas devoraran a otras y que el planeta, por sí mismo, se encargara de acabar con millones de seres amados.

Y diseñaron los microorganismos letales con el fin de controlar el crecimiento desmesurado de la población mundial.

Y les pareció bien.

La Humanidad

Llegado su momento, la Trinidad diseñó varias especies de criaturas humanas aparentemente parecidas: nosotros, que somos homo sapiens, la neandertal y alguna otra más; aunque es posible que solo una de ellas fuese diseñada exactamente a imagen y semejanza de los creadores, lo cual se ha de adivinar pues no está en la Revelación, ya que ésta solo revela desde los últimos seis mil y pico años. Tuvieron que transcurrir 200.000 años, o más, de convivencia hasta que afortunadamente fuimos definitivamente seleccionados.

Es sabido que Yahvé estaba, y está, exento del error; por eso, aunque la Revelación no lo revela, estoy seguro de que si al final se quedó con una sola especie no debió ser por un fallo creativo ocurrido con las otras especies, sino que todo estaba meticulosamente diseñado. Aquello debió ocurrir hace unos 30.000 años, cuando, por fin, nos quedamos solos. Lo que sí es casi seguro es que la Humanidad fue seleccionada porque cumplía con los requisitos impuestos en el Proyecto Divino, como lo demuestra el hecho fehaciente de que, al vernos, les pareció bien; o sea, cumplíamos con las especificaciones técnicas proyectadas.

Ya se ha dicho que el género humano, dado que era absolutamente necesario que tuviera una compatibilidad total con la Segunda y Tercera Personas –para hacer factible la Concepción-, fue diseñado a imagen y semejanza suya, aunque mortal en lo material. A continuación, la Tercera Persona sería la encargada de insuflar el soplo de vida. Ahora bien, era imprescindible que esas criaturas fueran potencialmente pecadoras, así sucumbirían fácilmente a las tentaciones del maligno; además, su organismo debería ser propenso a las infecciones y mutaciones genéticas; siendo así, estaría preparado para recibir los castigos divinos manifestados en forma de plagas y enfermedades varias.

Y diseñaron a la humanidad propensa al mal y expuesta a todas las enfermedades.

Y les pareció bien.

GÉNESIS 2,18. Dijo Yahvé: No es bueno que el hombre esté solo, voy a hacerle una ayuda a su semejanza. Entonces Yahvé tomó de la tierra a todos los animales del campo y a todas las aves del cielo, y los llevó ante el hombre para que les pusiera nombre... El hombre puso nombre a todos los animales, a las aves del cielo y a las fieras salvajes. Pero no se encontró a ninguno que fuera a su altura y lo ayudara.

Gracias a Génesis se sabe que, después, el Creador estuvo cavilando sobre las opciones más adecuadas para que el hombre pudiera procrear. Existe la constancia, gracias a la Revelación, de que en su Proyecto hizo cálculos sobre las posibilidades de apareamiento con animales, pero comprobó que aquellas fórmulas no daban con la respuesta esperada. Finalmente, como no podía ser menos, la Inteligencia Suprema encontró una solución ideal: la Mujer. Y -¡por fin!- Yahvé trazó el plan para crear a la pareja ideal para el hombre.

Lo más lógico y razonable hubiera sido amasar barro y conformar a la mujer en justa equidad con el varón, pero en las mentes de la Trinidad bullía otra idea: Tenía que un ser un animal parecido pero con ciertas diferencias que lo hicieran fácilmente sometido al varón. Así, días después, operaría al hombre, le extraería una costilla y, a partir de ella, crearía a la mujer. Pero ideó una ligera diferencia. Como el Creador era varón –El Padre, El Hijo, El Espíritu- en sus especificaciones técnicas, consideró que no era necesario que la mujer recibiera el soplo vivificante, solamente el hombre sería merecedor de tal recompensa, y lo cierto es que, hoy día, continúa sin saberse a ciencia cierta el motivo que impulsó a Yahvé a dejar sin el aliento divino a la mujer, aunque puede que fuera una excusa para tenerla sometida al hombre, su Proyecto así lo requería.

Y diseñaron que la mujer no recibiría el soplo vivificante.

Y les pareció bien.

El Catecismo intenta aclarar cuál es la misión que Yahvé nos reservó en este mundo.

358. Yahvé creó todo para el hombre (cf. Gs 12,1; 24,3; 39,1), pero el hombre fue creado para servir y amar a Yahvé y para ofrecerle toda la creación...

Nótese que la primera frase la fundamenta en estos versículos de Génesis:

GÉNESIS 12,1. Yahvé dijo a Abram: Deja tu país, a los de tu raza y a la familia de tu padre, y anda a la tierra que yo te mostraré.

GÉNESIS 24,3. Y júrame por Yahvé, Dios del cielo y de la tierra, que no tomarás para mi hijo una mujer de raza cananea, pues vivo en medio de éstos,

GÉNESIS 39,1. José, pues, fue conducido a Egipto, y Putifar, funcionario del palacio de Faraón y capitán de la guardia, lo compró a los ismaelitas que lo habían traído.

¿Dónde dice ahí que Yahvé creó todo para el hombre? Supongo que los sabios recopiladores de versículos escudriñarían por toda la Biblia hasta encontrar las evidencias irrebatibles de lo que querían demostrar... y encontraron la luz que buscaban, era como una cerilla alumbrando un estadio de fútbol: Apenas tres versículos que nada prueban.

Mas, para la segunda frase, -el hombre fue creado para servir y amar a Yahvé-, el Catecismo no encuentra fundamento alguno. Sin embargo, en este asunto si aparece en Génesis de manera nítida nuestra misión en este mundo, especificada en estos versículos que el Catecismo silencia sospechosamente:

GÉNESIS 2,15. Yahvé tomó al hombre y lo puso en el jardín del Edén para que lo cultivara y lo cuidara.

GÉNESIS 13,23. Y así fue como Yahvé lo expulsó del jardín del Edén para que trabajara la tierra de la que había sido formado.

Más claro, el agua. La Trinidad había ideado que la misión del hombre en este mundo sería, en principio, el cuidado y cultivo de una casa de Campo que Yahvé se construiría en la Tierra, mientras que la misión de la mujer sería tener hijos y someterse al hombre. Después, tras la expulsión, aquella pareja se buscaría la vida por su cuenta y riesgo. No había más misión para el hombre en la tierra, aunque cuentan que tenemos otro cometido más placentero en el más allá: Adorar eternamente a Yahvé.

GÉNESIS 6,3. Pero Yahvé dijo: No voy a dejar que el hombre viva para siempre, porque él no es más que carne. Así que vivirá solamente ciento veinte años.

En realidad, este versículo es un mero recordatorio de lo que ya había dicho dos milenios antes, cuando le quitó a Adán y Eva la posibilidad de ingerir los frutos del árbol de la vida. No obstante, sigo sin desentrañar la aparente incongruencia que supone revelar, de una parte, que el hombre (y supongo que la mujer) viviría sólo ciento veinte años y, de otra parte, revelar a continuación que la gente continuó sobrepasando esa edad:

GÉNESIS 11,11. Vivió Sem, después de haber engendrado a Arfaxad, quinientos años... Vivió Arfaxad, después de haber engendrado a Sálah, cuatrocientos tres años... Vivió Sálah, después de haber engendrado a Éber, cuatrocientos tres años... Vivió Éber, después de engendrar a Fáleg, cuatrocientos treinta años... Sara vivió ciento veintisiete años... Estos fueron los días de los años de la vida de Abrahán: ciento setenta y cinco años. Y estos fueron los años de la vida de Ismael ciento treinta y siete años... Fueron los días de Isaac ciento ochenta años.

¿A quién achacar este fallo garrafal, a Yahvé, que fue el inspirador, o al autor, que fue el inspirado? Gracias a la Iglesia Verdadera, estoy obligado a creer con fe ciega que el error lo cometió el inspirado.

De todas formas, el autor de Génesis se excedió en sus predicciones, pues en aquellos tiempos, cuando fue escrito el Libro, suponía un hito casi insuperable de alcanzar los ochenta años. No obstante, igual que ocurre en otros pasajes, aquí vuelve a hacer sentencias que, tarde o temprano, acaban siendo derribadas, ya que es sabido el anuncio de la Ciencia referente a que en los próximos decenios la Humanidad podrá superar la edad de ciento veinte años. Estoy seguro de que Dios no cometería esos deslices.

Un original pecado

¿Por qué idearon incorporar a los ángeles en su Proyecto? ¿Por qué diseñaron la desobediencia de Satanás? ¿Por qué no eliminaron a los demonios del Proyecto Divino? La respuesta es contundente: Todo era necesario para que pudiera llegar a cometerse el Pecado Original, un pecado básico para el devenir de los acontecimientos. Sin ángeles no habría demonios, sin éstos no habría tentaciones, sin éstas no habría pecados, y sin estos no podría llegar a buen fin el Proyecto Divino.

Y diseñaron que Satanás se disfrazaría de serpiente e incitaría al pecado.

Y les pareció bien.

GÉNESIS 3.4. Pero la serpiente dijo a la mujer: No es cierto. No moriréis. Yahvé sabe muy bien que cuando comáis del fruto de ese árbol podréis saber lo que es bueno y lo que es malo, y que entonces seréis como él.

GÉNESIS 3.22. Y dijo Yahvé: Ahora el hombre se ha vuelto como uno de nosotros, pues sabe lo que es bueno y lo que es malo. No vaya a tomar también del fruto del árbol de la vida y lo coma, y viva para siempre.

Quienes saben mucho de estas cosas dicen que los ángeles eran, y son, seres con cierto grado de inteligencia, por eso el Demonio sabía que no podía arriesgarse a decir una mentira que, más pronto que tarde, podría ser descubierta. Por tanto, es justo reconocer que la trama del Plan fue genial. Satanás incitaría a Eva con una verdad palpable: -Entonces seréis como Yahvé-. Poco después, la propia Revelación le dio la razón al Diablo. Ese cebo era demasiado tentador, por eso, aquella pareja no pudo resistirse, y Yahvé aceptaría lo sucedido con total naturalidad: -Ahora el hombre se ha vuelto como uno de nosotros-. Y ahí está la originalidad de tal pecado, posibilitar a mujeres y hombres para convertirse en dioses.

Resulta que Yahvé, al principio, asumiría el papel de dictador, dando a entender que no quería que la humanidad supiera distinguir entre lo bueno y lo malo; aunque la realidad era que ya había previsto la forma en que llegaríamos a diferenciar el bien del mal. Y no hay duda que fue singular. Yahvé se haría el despistado consintiendo la actuación de la serpiente demoníaca y así, permitiendo el pecado, la humanidad llegaría a actuar tal como estaba previsto.

Aquel original pecado sería, también, la excusa ideada para justificar la no inmortalidad del hombre. Yahvé, durante unos días, haría creer al hombre que era inmortal; pero, al expulsarlo del huerto, dado que ya no tendría acceso al árbol de la vida, Adán solo alcanzaría a vivir poco más de nueve siglos.

Ahora bien, según la Iglesia Verdadera, aquel pecado era, y sigue siendo, hereditario; por lo que se ha de creer firmemente que hubo algún motivo inexplicable, y no revelado, por el cual Yahvé ideó ocultar esa gravedad durante milenios. ¿Por qué no se remedió al instante aquella trascendental situación? ¿Por qué se silenció a los patriarcas y a todo el pueblo elegido tan abominable herencia?

Creo que la respuesta es muy sencilla: Si todos los santos varones, aquellos que tenían en exclusiva el auténtico oráculo divino, hubieran sabido acerca del mal heredado, habrían exigido la Redención inmediata, con lo cual todo lo que vino después no habría sucedido. Por todo ello, se ha de reconocer que esa demora redentora de varios milenios era algo previsto en el Proyecto.

Y esta es la prueba fehaciente de que aquellos santos varones desconocían la posibilidad de traspasar los pecados de padres a hijos:

DEUTERONOMIO 24,16. No han de morir los padres por culpa de los hijos, ni los hijos por culpa de los padres, sino que cada hombre morirá por su propio pecado.

JEREMÍAS 32,19. Tienes los ojos fijos en la conducta de los humanos para pagar a cada uno según su conducta y según el fruto de sus obras.

EZEQUIEL 18,30. Por tanto juzgaré a cada uno conforme a sus caminos.

JEREMÍAS 31,29. En aquellos días no dirán más: Los padres comieron uvas agrias, y los dientes de los hijos tienen dentera, sino que cada cual por su propia iniquidad morirá.

Al amparo de esos versículos, estoy seguro que aquellos desgraciados judíos estaban convencidos de que no heredaban pecado alguno, por eso imagino lo contentos que morían en la creencia de que iban a ser recibidos en la Gloria de Yahvé. ¡Menudo chasco! Me los imagino llegando a las puertas del Cielo todo ilusionados, y al arcángel de turno, siempre con la espada desenvainada, conminándoles a vagar en la incertidumbre: ¡No se os está permitido entrar hasta que seáis redimidos por el Hijo dentro de dos mil años! Estoy seguro que los pobres se quedarían atónitos, pues nada entendían. Por un lado, no sabían que Yahvé había manchado sus almas con un pecado cuya originalidad consistía en que era hereditario. Por otro lado, no comprendían a quién se refería el arcángel al hablarles del Hijo, pues a ellos les habían inculcado la idea de que Yahvé era único y que no había más dioses que él, además, nadie les había informado del futuro matrimonio y paternidad de su dios.

También en el Nuevo Testamento, aparecen seguidores del Hijo con ideas contrarias al dogma de la transmisión de padres a hijos del Pecado Original:

2CRÓNICAS 25,4. A sus hijos no les dio muerte, sino que hizo conforme a lo que está escrito en la ley en el libro de Moisés, tal como Yahvé ordenó, diciendo: No se dará muerte a los padres por los hijos, ni se dará muerte a los hijos por los padres, sino que a cada uno se le dará muerte por su propio pecado.

ROMANOS 2,6 ...el cual pagará a cada uno conforme a sus obras.

Es evidente que una de las ventajas de disponer de la chistera del dogmatismo es que de ella se puede sacar, siempre que convenga, un pecado tan original. Por cierto, todo indica que el Hijo encarnado tampoco conocía la realidad de ese pecado, pues nada dijo al respecto. Estoy seguro que a Dios no se le ocurriría castigar por un pecado no cometido, pero de la Iglesia Verdadera se puede esperar cualquier cosa.

Los pecados

Catecismo 311. *Los ángeles y los hombres, criaturas inteligentes y libres, deben caminar hacia su destino último por elección libre y amor de preferencia. Por ello pueden desviarse. De hecho pecaron. Y fue así como el mal moral entró en el mundo, incomparablemen*te más grave que el mal físico.

Me parece bien que el Catecismo me adule equiparándome nada menos que a los ángeles; no obstante, es conveniente matizar ciertas afirmaciones catequísticas. Por ejemplo: No veo inconveniente en aceptar que la humanidad sea a la vez inteligente y pecadora; sin embargo, como ya dije, aquí, en la Tierra, nada se sabe a ciencia cierta sobre lo que hay por allá arriba, entonces, resulta una contradicción casi infinita, rayana en la falsedad, decir que todos los ángeles son inteligentes y algunos pecadores.

Me explico: ¿Cuál es el mayor goce que se disfruta en el Cielo? La respuesta la dan quienes saben de esto más que nadie: -El mayor goce, una placer indescriptible, es la visión de Yahvé.- Según cuentan esos entendidos, quien está junto a él ya no desea nada más, pues "en su contemplación quedan colmados todos los placeres y anhelos imaginables; en eso consiste alcanzar la Gloria." Siendo así, ¿alguien en su sano juicio puede creer que un ser inteligente renunciaría a esa visión extasiada, placentera e inigualable de Yahvé? Solo un orate sin remedio creerá que unos ángeles inteligentes cambiaron el Cielo por el Infierno enfrentándose al omnipotente. Por tanto, si lo que han contado, respecto a las maravillas de Yahvé y el Cielo, es cierto, entonces debe ser falso eso de que los ángeles son inteligentes. Y no digo que no se rebelaran, solo afirmo que, si ocurrió así, son torpes sin remedio.

El Catecismo se atreve, además, a decir algo incompatible con nuestra misión en esta vida: -Y fue así como el mal moral entró en el mundo, incomparablemente más grave que el mal físico.- Esta deducción solo puede salir de las mentes de quienes, aferrándose al celibato como el mejor modo del transcurrir terrenal, desconocen la realidad y son unos inconscientes respecto a la dureza que nos toca vivir a los humanos sin sotana. No son padres y no saben lo que una madre es capaz de hacer para que sus hijos no sufran. Para esa madre es incomparablemente más grave el mal físico de un hijo que el mal moral que pueda causar al intentar salvar a su criatura de esa enfermedad; por eso, la madre, aparta a Yahvé y sus mandamientos y da prioridad a la vida de su hijo, y por ello es capaz de robar, matar o prostituirse en favor de su amado hijo.

Pero, lo más sorprendente de esta incongruencia es que toda esa actitud maternal fue diseñada por el propio Yahvé, que en su Proyecto ya ideó el comportamiento amoroso a ultranza de las madres hacia sus hijos.

La justicia humana -cuentan que infinitamente menos justa que la justicia divina- tiene, no obstante, algo superior. Se trata de la regulación de las condenas en función de la gravedad del delito. Sin embargo, tanto la Ley de Yahvé, dios padre y señor nuestro, como las leyes de la Iglesia Verdadera carecen de una escala de valores en la que el pecador pueda consultar los años de purgatorio que le corresponden en función de las circunstancias de su pecado.

La fe ciega

Si la fe es un don otorgado en exclusiva por Yahvé, ¿sería justo castigar a alguien que no cree porque no ha sido imbuido con ese imprescindible don de la fe?

La fe, un concepto subjetivo y sustitutivo de la Ciencia y la razón, está en constante lucha contra la lógica. Para el creyente, viene a ser algo así: Creo en algo porque me interesa creer en ese algo, o me interesa tener fe porque, a cambio, espero recibir una recompensa. Tal vez, inconscientemente, el creyente considera que obtiene más provecho si cree en Yahvé.

Y es bien cierto que implica una grave sensación de desasosiego creer en algo terrible e irremediable:

- Soy una nimiedad dentro de la infinitud.

- Soy un animal más en una Naturaleza cruel.

- Soy demasiado efímero dentro de la eternidad.

- Soy solamente un cuerpo que se pudrirá para siempre.

¿Evidencias de lo anterior? Muchas, excesivas para mi gusto, y por eso el creyente prefiere desterrarlas de su mente.

Sin embargo, es mucho más placentero tener fe en algo maravilloso. ¿Hay algo más sedante que este credo ególatra?

- Yo he sido creado a imagen y semejanza de Yahvé.

- Yo he sido elegido por Yahvé de entre todos los animales.

- Yo soy el centro de toda la Creación.

- Yo soy el ser más inteligente del Universo.

- Yo tengo un alma inmortal.

- Yo resucitaré con un cuerpo glorioso.

- Yo viviré eternamente henchido de felicidad.

¿Evidencias de lo anterior? Ninguna. No son más que meras elucubraciones de personajes pretenciosos, endiosados e irremediablemente recelosos de su futuro, y que son auspiciadas por quienes intentan captar a creyentes obsesionados que, apesadumbrados por aquellas otras evidencias umbrías y constatadas, están muy interesados en recibir en su mente la dicha futura a cambio de una fe ciega. Quizá, están temerosos de intuir la verdad, cruda y cruel, y por eso se parapetan en la fe.

No es de extrañar, pues, que haya creyentes con una fe aún más ciega y mucho más sofisticada. Son aquellos que han asumido un credo con otros obsequios añadidos: Por ejemplo, disfrutar de un paraíso con la propiedad exclusiva de setenta doncellas, las más hermosas... y vírgenes. ¡Así no hay quien se resista a morir matando al amparo divino!

¿Qué fe es más fuerte, la del católico o la del musulmán terrorista? Creer en la utopía de una vida gloriosa y eterna es tener mucha fe, mas esa fe es mayúscula cuando se cree en una vida gloriosa y eterna, con el añadido nada despreciable del disfrute eterno de setenta hermosas damiselas que tienen el incentivo de ser virginidades absolutas e imperecederas.

Lo agradable es imaginarse un futuro con plena armonía para el universo. -Una vida feliz en una tierra regenerada con unos nuevos cielos...- Produce un gran placer espiritual creer en un Sistema Solar sin catástrofes siderales... por eso desaparecerán para siempre los asteroides y los cometas, los agujeros negros y las estrellas gigantes rojas que devoran sistemas solares, y los choques entre enormes soles.

Para nuestra estabilidad emocional es conveniente tener fe en un planeta totalmente estabilizado y liberado de cataclismos, y en una Naturaleza sublime, donde los leones, reconvertidos en herbívoros, confraternizarán con los cervatillos. Y en una humanidad exonerada de las podredumbres de enfermedades y de muertes, pero, sobre todo, del duro trabajo diario para ganar el sustento. ¿Evidencias de lo anterior? Ninguna... y lo más decepcionante, en especial para el creyente en horas bajas, es que todas las pruebas apuntan a lo contrario.

Y diseñaron la fe ciega para que el creyente creyera lo conveniente.

Y les pareció bien.

Acabada la Segunda Fase del Proyecto

Yahvé había completado el diseño de la segunda fase de su Proyecto que incluía los siguientes elementos:

- El Universo caótico y, eso sí, con unas dimensiones matemáticamente calculadas para que pudiera caber la Tierra.

- La Tierra, capaz de toda clase de cataclismos para, de un lado, mantener controlado el incremento de población y, de otro lado, recibir continuas plegarias de las víctimas afligidas.

- Los seres vivos, con la imperiosa necesidad de que los fuertes se coman a los débiles.

- Los microorganismos dañinos, para poder castigar con plagas y enfermedades.

- La Humanidad, potencialmente pecadora.

- El Pecado Original, para justificar acontecimientos futuros.

- El Pecado, como el mejor cebo para atrapar condenados al Infierno.

- La Fe Ciega, para aceptar todo lo anterior y lo venidero.

Y gracias a esa fe resulta más fácil llegar a creer que las Tres-Personas-en-Una idearon, diseñaron y crearon todo lo que ha existido y sucedido, existe y sucede y existirá y sucederá.

Tercera Fase: CUATRO MILENIOS

Según cuentan, esos que saben tanto, para la Infinitud de Yahvé un día equivale, más o menos, a mil años nuestros. Es por eso que, aunque a nosotros nos parezca que el desarrollo del Plan Redentor dura ya demasiado, la realidad es que para él se trata de un Proyecto a corto plazo.

En otro orden de cosas, debería ser aceptado por todos los creyentes que Yahvé, haciendo un uso eficaz de su omnipotencia, omnisciencia y ubicuidad, podía haber evangelizado a la humanidad entera en un instante, o, si no en un instante, al menos en unos minutos, tal vez horas, o, como mucho, en unos cuantos días o semanas. Esto es lo que todos los fieles deberían creer, que la eficiencia de sus actos es infinita y de resultados absolutamente satisfactorios e instantáneos. Sin embargo, contra toda lógica razonada humana, Yahvé consideró oportuno programar una duración de más de cuatro milenios, según la Biblia, para el desarrollo de la tercera fase de su Proyecto.

Estoy convencido de que si Dios hubiera tenido interés en un asunto similar lo habría resulto en un santiamén y con acierto pleno. Pero vistos todos estos caos -universal, terrestre, humano, religioso...-, salidos de las manos de Yahvé, estoy por asegurar que aquel dios no era Dios.

Los hijos de Yahvé

Y dijo Yahvé: Necesitaremos alegar una razón sólida para que, a fin de controlar la superpoblación, se pueda justificar la necesaria eliminación de la práctica totalidad de la población humana. Y hemos convenido que la mejor excusa es que nuestros Hijos copulen con las mujeres.

Y proyectaron que sus Hijos yacerían con las mujeres.

Y les pareció bien.

GÉNESIS 6,1. Cuando los hombres comenzaron a poblar la tierra y tuvieron hijas, los Hijos de Yahvé vieron que aquellas mujeres eran hermosas. Entonces escogieron entre todas ellas, y se casaron con las que quisieron.

Esta es una de las escasas alusiones que el Antiguo Testamento hace respecto a que Yahvé tuviera descendencia, tiempo después se consideró a Jesús como uno más de esos Hijos. ¿Quiénes eran esos renombrados Hijos de Yahvé? Nadie lo sabe con certeza pues la Revelación no lo revela. Unos afirman que eran hombres de una raza escogida, otros se aventuran a decir que eran dioses menores, incluso hay quienes aseguran que se trataba de ángeles, basándose, quizás, en el siguiente versículo:

JOB 1,6. El día en que los Hijos de Yahvé fueron a presentarse ante él, también Satanás estaba en medio de ellos.

Es posible que se tratara de una reunión de ángeles buenos y malos con Yahvé, todos juntos como una familia bien avenida. Lo cual es otra prueba irrebatible de que Yahvé contaba en todo momento con la colaboración de Satanás para llevar a buen fin su Proyecto. Es probable que ese fuera el motivo por el que creó inmortales a los ángeles, era la única manera de que no pudiera fulminarlos con su rayo mortífero en uno de sus arrebatos de justa ira.

Sin embargo, aceptar esta posibilidad resulta incoherente. Efectivamente, pues si aquellos Hijos de Yahvé eran ángeles nunca podrían haberse acostado con mujeres, ya que la relación carnal entre un ente espiritual y una hembra humana es inviable. Y mucho más imposible se torna ese acoplamiento si, además, creemos firmemente que los ángeles son criaturas celestiales y, consecuente, santas y puras por naturaleza. Tampoco es creíble que esos Hijos pertenecieran a una raza escogida, porque ese intento de Yahvé por hacer acepción de personas habría quedado en evidencia ya que todas las razas, sin excepción, perecieron por ahogamiento.

Fueran quienes fuesen esos Hijos, el asunto es que Yahvé los implicó en su trama porque tenía que justificar de alguna manera en su Proyecto un capítulo inexplicable: La matanza de más de setenta millones de personas.

Allí murieron justos por pecadores. Veamos. Ya entonces, los hombres, por bendición divina, teníamos las puertas abiertas para copular con nuestras mujeres; además, se sabe que en su Decálogo no incluía como pecado la simple copulación, sino únicamente el adulterio. Sin embargo, sus Hijos –a saber quiénes eran- al parecer no tenían ese mismo permiso, por lo que Yahvé se enfadó mucho, porque habían pecado contra el sexto mandamiento de la futura Iglesia Verdadera. Y tanto se disgustó que, en su deseo de justa venganza, se obnubiló en tal forma que en vez de matar solo a esos sus Hijos copuladores, únicos culpables, mató a los demás, hombres, mujeres y niños.

Cuando se escribió ese relato de Génesis seguramente se encontró razonable esa postura de exonerar a sus Hijos de perecer en el Diluvio, pero hoy me parece contradictoria por la sencilla razón de que en la Biblia se asegura que, hace dos mil años, obligó a su Hijo a sacrificarse en favor de la humanidad.

El Diluvio

Y dijo Yahvé: Hemos convenido que el método óptimo para evitar el colapso poblacional sea la inundación del planeta.

Y diseñaron el genocidio humano con el Diluvio Universal.

Y les pareció bien

El Catecismo cuenta algo muy hermoso, aunque me cuesta creerlo:

56. Una vez rota la unidad del género humano por el pecado, Yahvé decide desde el comienzo salvar a la humanidad a través de una serie de etapas.

No obstante, me topo de bruces con la Verdad revelada:

GÉNESIS 6,5. Yahvé vio que era demasiada la maldad del hombre en la tierra, y que siempre estaba pensando en hacer lo malo; y le pesó haber hecho al hombre. Con mucho dolor dijo: Voy a borrar de la tierra al hombre que he creado, y también a todos los animales domésticos, y a los que se arrastran, y a las aves. ¡Me pesa haberlos hecho!

Y dijo Yahvé: Hemos convenido que para que el pecador no vuelva a pecar, le aplicaremos la pena de muerte.

Y diseñaron la pena de muerte.

Y les pareció bien.

Para intentar explicar este desaguisado, es mejor ir por partes. Por un lado, había revelado que fueron los Hijos de Yahvé quienes engatusaron a nuestras inocentes mujeres y, sin embargo, poco después le echó la culpa a los hombres; mientras que a los verdaderos culpables, esos misteriosos Hijos, ni siquiera los mencionó en el anuncio del castigo inminente. Todo lo cual viene a corroborar lo que antes decía: Esa fue la mejor excusa que Yahvé, con su Inteligencia Suprema, ideó en su Plan para justificar la masacre que se avecinaba.

Por otro lado, constato la forma sibilina con la que Yahvé pretendía halagar nuestro ego. Así es, se revelaba como un humano corriente que sentía pesar y dolor por haber hecho mal su trabajo, cuando es sabido que él era el ser perfecto y, en consecuencia, sus obras también eran igualmente perfectas. Yahvé no pudo haberse equivocado, lo tenía todo absolutamente meditado. Pero necesitaba justificar su comportamiento, solo aparentemente reprochable, porque, en realidad, el Diluvio fue diseñado para evitar de manera drástica una superpoblación que hubiera obstaculizado el buen desarrollo del Proyecto. No hay más que calcular una sencilla proporción aritmética: Si tras el Diluvio quedaron solo ocho personas y hoy somos siete mil millones, de no haber eliminado aquellos setenta millones de humanos hoy seríamos nada menos que sesenta billones (60.000.000.000.000); lo que equivale a menos de tres metros cuadrados por persona.

Y respecto a la forma de aplacar su justo deseo de venganza, estoy convencido de que la Trinidad se encontró con un problema al que le debieron dedicar, al menos, unos instantes para resolverlo. Resulta que los otros animales nada tuvieron que ver con el hecho fehaciente de que los Hijos yacieran con mujeres. Entonces, ¿había alguna posibilidad de anegar la Tierra sin que perecieran esas criaturas inocentes? Como insuperables científicos que eran, la Trinidad, tras hacer complicados cálculos llegaron a la conclusión de que les resultaba imposible, pese a ser omnipotentes, ahogar a la humanidad y salvar al resto del reino animal terrestre, que era inocente; sin embargo, observaron con perspicacia que a los animales marinos y anfibios no les afectaría tantísima agua. Así que, basándose en esos resultados, trazaron su Proyecto.

Aún así, pese a esta inteligente solución, los hay que todavía ponen objeciones. Se hacen preguntas como esta: ¿Por qué ahogaron a los gorriones y dejaron con vida a las pirañas? O esta otra: ¿No era más merecedor de castigo el tiburón blanco que la gacela?

Y llegó el momento de ajustar cuentas. Las Tres-Personas-en-Una estuvieron analizando varias fechas hasta encontrar la más conveniente para comenzar a derramar agua en exceso. Y llegaron a la conclusión de que el dato más importante que debían tener en cuenta era la edad de todos los antepasados de Noé. Para ello, se basaron en esta premisa lógica: Todos los santos varones ancestros de Noé debían ser exonerados de la muerte por ahogamiento. A partir de ahí hicieron estos cálculos:

En el capítulo 5 de Génesis aparece la relación de los descendientes de Adán; esta genealogía permite establecer tanto la fecha de nacimiento como el año en que murió cada uno de los diez primeros patriarcas. Así, partiendo del año cero, en que nació Adán, se tiene: Adán (0-930), Set (130-1042), Enós (235-1440), Cainán (325-1235), Mahalalel (390-1290), Jared (460-1422), Enoc (622-987), Matusalén (687-1656), Lamec (874-1651) y Noé (1056-2006).

En estas fechas se observa que el antepasado que más tarde murió fue Matusalén, que lo hizo en 1656 d. A. (después de Adán); por lo tanto, ahí estaba la solución: El Diluvio comenzaría en ese mismo año, justo unos días después de haber dado cristiana sepultura a Matusalén. Y a continuación no hubo más que encajar las efemérides de Noé, redondeando las cifras: O sea, engendraría, ya decrépito en exceso, con 500 años (1556 d. A.) y en su sexto centenario (1656 d. A.) comenzaría a llover, una vez muertos todos los antepasados de Noé. Se comprueba así, una vez más, la exactitud del Proyecto Divino.

El Pueblo Elegido

Y dijo Yahvé: Hemos acordado que, durante unos cuantos milenios, deberemos hacer una excepción en nuestra máxima:

No hacer acepción de personas. Y así podremos favorecer a un único pueblo en contra de los demás.

Y diseñaron que el pueblo judío sería el único elegido en detrimento del resto de pueblos del mundo.

Y le preció bien.

GÉNESIS 6.8 Sin embargo, Yahvé miraba a Noé con buenos ojos.

Una reflexión. En tiempos de Noé la humanidad era tremendamente depravada; y para remediar aquella situación, Yahvé reaccionó en concordancia con sus atributos eliminando a toda la población mundial. Ahora bien, por un lado y conforme a la fe, he de creer que Yahvé consideró que así solucionaba para siempre el problema de la iniquidad humana; por otro lado, que de aquella ejecución masiva, sólo se salvó el ADN de Noé y los suyos, pues eran bien mirados por Yahvé. No obstante, pese a ese reinicio prometedor de la nueva humanidad, resulta que cada vez somos más inicuos día tras día. Y alguno, razonando, dirá: ¡Yahvé se equivocó!... Pues no, Yahvé era demasiado listo como para equivocarse; lo que sucedió es que las cosas debían ser así para que se desarrollara el Proyecto con plenitud exitosa.

Por ejemplo, Yahvé necesitaba destruir siete naciones para gratificar a su pueblo. Esta labor, que parece inmensa, para Yahvé era una menudencia y la podía haber realizado en un santiamén. Ejemplo de grandes y eficientes conquistadores hay muchos en la Historia; ellos, en su corta vida, fueron capaces de ocupar grandes naciones. Sin embargo, contra toda lógica de racionalización de un trabajo divino, Yahvé tardó nada menos que cuatrocientos cincuenta años. Pero, cavilando un poco, se llega a la obviedad de que gastó todo este tiempo para que los acontecimientos se atuvieran a las especificaciones de lo diseñado, no hay otra explicación a la ineficiencia conquistadora de Yahvé.

Otra prueba irrefutable de que los designios de Yahvé son inescrutables la encuentro en la constatación de su manifiesta no universalidad.

En efecto, se sabe por la Revelación y el Magisterio, que Yahvé no hacía acepción de personas y que tenía un gran interés en darse a conocer a la humanidad entera, sin embargo, en la propia Biblia se encuentran evidencias de todo lo contrario, lo cual me resulta incomprensible. De entrada, nada hay más razonable que creer que Dios apoyaría por igual a todos los pueblos de la tierra y se dirigiría a todos ellos para guiarlos al unísono en pos de una salvación universal; sin embargo, Yahvé obró de forma absolutamente contraria a la razón humana. Él eligió un único y pequeño pueblo, lo protegió y lo apoyó con saña en sus conquistas guerreras; es por eso que ningún lector del Antiguo Testamento, estando en pleno uso de sus facultades mentales, podrá asegurar que Yahvé, dios padre y señor nuestro, fue universal, sino todo lo contrario; y esa actitud es lo que animó a los judíos a reconocerlo como su exclusivo dios y continúan encantados con él hoy día, pues, no siendo cristianos, se saben el pueblo elegido por el dios bíblico en perjuicio del resto de la humanidad, y ello les da muchos ánimos para adorarlo sobre todas las cosas.

Y los cristianos... ¿se consideran incluidos o excluidos dentro del pueblo escogido por Yahvé? El Cristianismo se escindió del Judaísmo, y ambas religiones se manifestaron como enemigas irreconciliables; por tanto, al perseguir a los seguidores de la Ley, que componen el amado pueblo elegido, los cristianos se convirtieron en los mayores enemigos de Yahvé, dios padre y señor nuestro, y como él no olvida, supongo que lo tendrá en cuenta en el Juicio Final.

Otro asunto a tener en cuenta es que los primeros cristianos se consideraban, ante todo, judíos y, por tanto, abrazaban el Antiguo Testamento como su Libro Sagrado, no había otro; lo cual supuso un grave inconveniente cuando comenzaron los anatemas contra el Judaísmo; para entonces ya no se podía cambiar nada de las Antiguas Escrituras y la Iglesia Verdadera primero prohibió la lectura de los libros antiguos, después obligó a leer sus aclaraciones partidistas y, en todo momento, se ve en la necesidad inalcanzable de darle cierto sentido cristiano a lo que es judío de pura cepa.

La Tierra Expoliada

Y dijo Yahvé: Permitiremos que los pueblos se aposenten durante unos milenios en esas tierras, que las cultiven, que las sientan como suyas, que levanten aldeas. Después ayudaremos al pueblo que hemos elegido a expoliar esas tierras.

Y proyectaron el expolio de la Tierra Prometida.

Y les pareció bien.

Yahvé sabía, porque así lo había previsto, que la conquista de la Tierra Prometida conllevaría numerosas guerras con matanzas de los aborígenes. Es seguro que Dios, con su Inteligencia Suprema, habría diseñado otra manera de hacerse con esa tierra; pero Yahvé, dios padre y señor nuestro, adoptando una actitud muy humana, llegó a encontrar el mejor procedimiento para reunir al pueblo elegido en un lugar definitivo: ¡Guerras atroces contra los indígenas! También había previsto que, el hecho de despojar con violencia e iniquidad a los primitivos habitantes, generaría en el futuro un odio ancestral contra los judíos que perduraría por milenios.

Mas, todo ese proceder era muy necesario para las fases venideras de su Plan.

La historia actualizada

EZEQUIEL 1,4. Miré y vi venir del septentrión un nublado impetuoso, una nube densa, en torno de la cual resplandecía un remolino de fuego que en medio brillaba como bronce en fundición.

Voy a hacer un esfuerzo imaginativo... Lo que sigue podría ser un extracto de la prensa mundial:

"Hoy se cumple un mes desde que una densa nube, viniendo del norte, se detuvo en el cielo de Israel y Yahvé volvió a revelarse a su amado pueblo. Él, según dejó bien patente, venía para renovar su promesa referida a la Tierra Prometida, que milenios atrás no había podido completarse. Yahvé y una legión de ángeles descendieron para ayudar a la conquista de las naciones vecinas, todo un extenso territorio que abarca desde Egipto hasta Irak. Son ya treinta días de batallas encarnizadas pero desiguales, pues el ejército judío, apoyado por la omnipotencia del líder divino, está destrozando la resistencia de todas las naciones. Ya han caído Palestina, Líbano, Jordania, Siria, Irán, Arabia Saudita, y en estos momentos están siendo invadidas, sin apenas resistencia, Irak y Egipto. La superioridad del ejército de Yahvé es apabullante. Para evitar rebrotes reivindicativos, las tropas invasoras cumplen a rajatabla las órdenes de Yahvé, que son idénticas a las que se aplicaron entonces, y en cada ciudad conquistada proceden a ejecutar a toda persona que haya quedado con vida, sean hombres, mujeres o niños, nadie sobrevive a la fuerza todopoderosa de Yahvé.

En la ONU se confía en que la justa sed de venganza de Yahvé se aplaque con la ocupación de las naciones citadas y no continúe hasta la conquista, por la fuerza de las armas, de todo el Planeta. Los designios de Yahvé son verdaderamente inescrutables, por eso las naciones no llegan a comprender el mensaje espiritual implícito en su apoyo incondicional a favor de Israel. Cuando se difundió la noticia del retorno de Yahvé, la población mundial, y especialmente la Cristiandad, confiaba en que él conseguiría imponer la paz mundial con la fuerza convincente de su Palabra; pero la decepción es indescriptible, pues Yahvé en vez adoctrinar en pos de la concordia, con su incomprensible actitud, está auspiciando un odio cerval de todos contra Israel.

Mañana está convocada una reunión al más alto nivel en la sede de las Naciones Unidas a fin de tratar la posibilidad de un armisticio con el omnipotente Yahvé. No obstante, los líderes políticos consideran harto difícil un acuerdo de paz definitivo, ya que, al parecer, el todopoderoso está empeñado en someter a todas las naciones bajo el yugo de su pueblo. Ha habido propuestas en favor de la utilización de armamento atómico, pero han sido rechazadas por el temor a que la justa ira de Yahvé se incremente y sus ataques sean, aún, más todopoderosos.

La paz mundial está resquebrajada y el pánico a ser invadidos se extiende por los cinco continentes. A la humanidad solo le queda rogar a Dios que frene el deseo invasor de Yahvé, dios padre y señor nuestro."

La Ley

Y dijo Yahvé: Hemos resuelto que la Humanidad viva durante muchos milenios sin un Decálogo con el que ser juzgada. Pasado todo ese largo tiempo, anunciaremos nuestras leyes, pero solo en un pequeño territorio acotado, las divulgaremos lentamente y, a partir de ese momento, quiénes aún desconociéndolas, a lo largo y ancho del planeta, las incumplan serán condenados a la muerte eterna.

Y diseñaron que habría unas Leyes de promulgación muy tardía y que incluirían el desarrollo de los castigos correspondientes.

Y les pareció bien.

El retraso excesivo en la promulgación de la Ley tuvo unas consecuencias ya previstas por Yahvé. Gracias a esa demora pudieron aceptarse sucesos que, tiempo después, serían castigados con la muerte.

Otro de los misterios que los exegetas bíblicos llevan más de dos mil años tratando de desentrañar, aunque seguramente estará nítidamente explicado en la Revelación, tiene que ver con la universalidad de la Ley. En efecto, llama la atención que la Ley no fuese universal desde el primer momento de su promulgación. Razones había, y también poder, para haber dado a conocer a todo el mundo y en un instante unos preceptos que eran de obligado cumplimiento para todos los pueblos; pues nadie dudará que una Ley emanada de Yahvé debería ser aplicable a toda la humanidad. Además, tampoco se podrá negar que Yahvé tenía la capacidad de dar a conocer su Ley al instante y al unísono a todos lo pueblos de la Tierra.

Sin embargo, tal como fueron proyectados los acontecimientos, cualquier razonamiento me lleva a concluir que Yahvé ideó que, al principio, su Ley no fuese universal y, además, de difusión ultra lenta.

Ese comportamiento, tan ilógico para mi mentalidad humana, provocó situaciones que considero tremendamente injustas. Así, muchos que, por sus actos, hoy serían pecadores, pero que tuvieron la suerte de morir antes de la promulgación de la Ley, lógicamente están gozando del cielo eterno; mientras otros, con idénticos pecados, pero que desdichadamente recibieron la fortuna de ser iluminados por la Ley revelada, están quemándose en el Infierno, aunque sin arder, eso dicen quienes han constatado esos asuntos.

He aquí una paradoja que vine a cuento. Hubo una vez un hombre que murió el día antes de que Moisés revelara la Ley esculpida por Yahvé. Ese hombre, que copulaba a diario con aquella que le placía, deseaba los bienes ajenos y timaba a los pardillos, como no hubo impedimento legal, se fue directamente a convivir junto a Yahvé que le abrió las puertas de la Gloria. Dos días después, otro buen hombre, que cumplía con todos los artículos de la reciente Ley, se enfrascó en una pelea con su socio y, en un ataque de ira incontrolada, soltó un exabrupto poniendo como un guiñapo a Yahvé, en esas, el socio le atizó un mandoble y lo desnucó... A este otro, como no lo pudieron lapidar al estar ya muerto, los demonios se lo llevaron directamente al infierno para la eternidad venidera, y ello pese a haber sido, durante su vida, más bueno que un pan recién horneado.

Pero esas aparentes contradicciones fueron ideadas por Yahvé con la sutileza que le caracterizaba. Gracias a esa prolongada demora legislativa, muchos varones judíos llegarían a ser santificados pese a sus truculentos pecados.

Los santos varones

Es un placer instruirse en el esclarecedor Catecismo:

61. Los patriarcas, los profetas y otros personajes del Antiguo Testamento han sido y serán siempre venerados como santos en todas las tradiciones litúrgicas de la Iglesia.

Esa es una de las grandes verdades que aporta el Catecismo: Sucediera lo que sucediese, se desmadraran o cometieran toda clase de tropelías, los santos varones siempre serían venerados, y a las pruebas me remito.

ÉXODO 2,11. Moisés, siendo ya adulto, salió un día a visitar a sus hermanos de raza, y se dio cuenta de que sus trabajos eran muy duros. Y vio que un egipcio estaba golpeando a uno de sus hermanos hebreos. Entonces miró bien por todas partes y, no viendo a nadie por allí, mató al egipcio y lo enterró en la arena.

La espita que desencadenó el Éxodo judío fue un asesinato; Moisés se vio obligado a huir y, ya fuera de Egipto, meditó la migración de sus compatriotas. Moisés había matado con las agravantes de premeditación y alevosía; pues bien, en toda la Revelación no aparece una sola palabra de arrepentimiento por parte de Moisés ni el más mínimo reproche emanado de Yahvé. Y Moisés fue reconocido como Santo, incluso por el Hijo.

¿Por qué no le recriminó Yahvé su acción? Sencillamente porque cronológicamente no había cometido pecado. Se ha de tener en cuenta que Yahvé había previsto esperar a publicar su Ley hasta después de que Moisés cometiera el homicidio. Con este proceder, Moisés pudo asesinar impunemente a los ojos de Yahvé porque todavía no era obligatorio el quinto mandamiento: No matarás.

Y diseñaron al personaje Moisés para que fuera asesino, guía del pueblo elegido en cruentas batallas y, pese a ello, santo varón.

Y les pareció bien.

Días después, y según el Plan ideado, la Trinidad reveló el Decálogo y, a partir de ese instante, quien asesinara ya podía ser sometido a juicio sumarísimo y condenado a la muerte terrenal. Pero los favores no se centraron únicamente en Moisés, sino que proyectaron otras abominaciones antes de la promulgación de la Ley, especialmente entre estos otros santos varones.

Abraham

Catecismo 144 ...De esta obediencia, Abraham es el modelo que nos propone la Sagrada Escritura...

Los capítulos 12 y 20 de Génesis revelan las andanzas pecaminosas diseñadas para que las cometiera Abraham. La cosa comenzó al tomar por esposa a Sarai, de la que era hermana por parte de padre. Yahvé, entonces, todavía no castigaría el incesto, lo cual fue una postura muy hábil, pues tuvieron que transcurrir muchos siglos hasta que esa aberración fuera mal vista. En efecto, retrasando el reconocimiento de tan execrable pecado hasta miles de años después, consiguió lo que había ideado: Que Abraham y Sarai, en comandita, pudieran ser los padres de grandes naciones venideras.

¿Cómo hacer rico a Abraham? Yahvé, en su Proyecto, necesitaba que Abraham fuera un acaudalado hacendado, poseedor de numerosas tierras que serían las cunas de los futuros patriarcas; pues bien, para posibilitar eso, ideó un método infalible que a pocos humanos se les ocurre: Abraham entregaría su esposa al faraón, quien, en justa contraprestación, le recompensaría con una considerable fortuna. Otra genialidad, propia de Yahvé, fue aparentar estar ofendido –cómo iba a estarlo si él ya sabía lo que iba a ocurrir- y claro, como Yahvé era infinitamente honesto, no podía regañar a Abraham, que era un mandado, así que descargó su simulado enfado con el faraón y la familia de éste, que vaya usted a saber qué culpa tenían esos parientes del faraón respecto a los pecados cometidos por Sarai y Abraham.

Algo parecido ideó Yahvé para que sucediera poco después. Según lo planificado, Abraham debía acumular aún más riquezas, así que no se le ocurrió otra cosa que repetir lo que ya había funcionado.

Esta vez el mochuelo se lo cargó Abimelec, quien recibió en sus brazos a la dulce Sarai sin ser consciente de que pronto recibiría una reprimenda terrible con advertencia de muerte para él, su familia y sus esclavos, que vaya usted a saber, de nuevo, qué culpa tenían en este lío de cuernos. Conforme a lo previsto, el inocente Abimelec quiso calmar el deseo de justa venganza de Yahvé, para lo cual colmó de riquezas al adúltero patriarca. Y como no podía ser menos, Abraham rezó a Yahvé agradeciéndole tan enorme gracia recibida a cambio de un mero asunto de honor mancillado. Esta hazaña abrió el camino a un método nuevo de enriquecimiento amparado por Yahvé.

Como se ve, esta treta funciona siempre y es buen ejemplo a seguir ya que está amparado por Yahvé, dios padre y señor nuestro. Así, ya se conoce la metodología a seguir: Nos acercamos a un hombre de gran fortuna, le prestamos a nuestra esposa-hermana. El rico recibe amenazas espirituales, se asusta y, para evitar males mayores, nos hace millonarios; y el colmo de nuestra suerte es que, encima... ¡nos hacen santos!

Ahí está la clave: La figura de Abraham fue ideada para que ayudara en la consecución de esta fase del Proyecto. Ahora bien, lo curioso de esos relatos es que, pese a ser inspirados por Yahvé para que fuesen conocidos por todos los creyentes, son silenciados en las homilías parroquiales. La mayoría de esos creyentes desconoce las andanzas adúlteras e incestuosas del santo varón Abraham.

Siglos más tarde, aquel judío de rancia cuna, gracias a los servicios prestados, sería santificado por el Catolicismo como San Abraham, patriarca: 12 de Marzo. Se dice que -con Abraham fundó Yahvé en el mundo la verdadera religión-.

Y diseñaron que Abraham sería incestuoso, que cometería adulterio reiterado a cambio de riquezas y que, pese a ello y sin haberse arrepentido, sería canonizado.

Y les pareció bien.

Jacob (Israel)

En Génesis 29 me encuentro con la Revelación de otro escabroso caso de adulterio múltiple. Ahí se narran con descaro las tropelías sexuales de Jacob y el fraude que cometió contra su suegro, y lo mejor de esas historias es que no consiguieron remover en Yahvé el más mínimo instinto de justa ira. La única explicación que encuentro para comprender la actitud complaciente de Yahvé con Jacob, es que todo estaba así proyectado y que, en consecuencia, él ya sabía lo que sucedería.

¿Por qué consintió Yahvé que Jacob, el futuro Israel, se desmandara sin recibir un castigo ejemplar? La respuesta, como casi siempre, es sencilla: Yahvé diseñó una forma peculiar de darnos a entender que su Proyecto resistiría cualquier embate. Por eso ideó la figura de Jacob, elemento necesario, como un adúltero recalcitrante, pero que, pese a lo cual, saldría airoso de cualquier crítica, y en la ultima fase del Proyecto nada impediría que fuera santificado y declarado padre de la nación Israelita (23 de Junio, San Jacob). ¿Permitiría Yahvé que usted pecara contra su séptimo y octavo mandamientos o la Iglesia Verdadera contra sus sexto y séptimo preceptos? ¿Verdad que no? Pues a San Jacob se lo permitieron.

Y diseñaron que Jacob fuera, en un principio, adúltero contumaz y ladrón sin arrepentimiento y, más tarde, santificado.

Y les preció bien.

David

En este personaje se aprecia otra genialidad más del Plan trazado por la Trinidad: David no dejó títere con cabeza, ya fuera niño, mujer u hombre y, precisamente por esas ansias sangrientas, fue muy alabado. Además, cometería adulterio e incitación al homicidio encubierto y Yahvé fingiría enfadarse solo levemente. ¿Por qué ese fingimiento? Yahvé quería dar a entender que David, el que sería ancestro del Hijo encarnado, estaba libre de pecado hiciera lo que hiciese.

En el libro segundo de Samuel, capítulo 11, la Revelación cuenta una historia nada aleccionadora. Resulta que un día David se paseaba por la azotea de su palacio real cuando vio a una mujer muy hermosa que se estaba bañando (no viene al caso citar los motivos íntimos por lo que lo hacía). David, carcomido por la libido, quiso saber quien era aquella beldad y le informaron que se trataba de Betsabé, la esposa de Urías el hitita. Y sucedió justo lo que Yahvé había ideado. David, tal vez un rey con derecho de pernada y, por lo ocurrido, un judío que incumplía la Ley con facilidad, no quiso oír aquello de que semejante hermosura estaba casada. Así que, abusando del ordeno y mando, David se acostó con ella, y tanto y también lo hizo que no tardó en embarazarla.

¿Cómo solucionarle a aquella mujer el problema de la dupla varonil? Se ha de reconocer lo inteligente de la ocurrencia de Yahvé al idear el método definitivo que inspiró a David para que lo llevara a cabo. Ordenó a su general: <Poned a Urías en primera línea, donde sea más dura la batalla, y luego dejadle solo para que caiga herido y muera.> Y como ya sabemos que Yahvé es infalible, pues ocurrió lo que él había ideado: Urías fue abatido en el asalto a la ciudad enemiga.

Después, ya se sabe. Yahvé se haría el ofendido, pero era todo una mera apariencia, ya que si él se hubiera enfadado de verdad habría ordenado la lapidación inmisericorde de David y Betsabé, eso es lo que hacía con el resto de las gentes del pueblo que no eran fundamentales en su Proyecto. Como prueba evidente de lo que digo, ahí está la canonización de este santo varón (San David, 29 de diciembre) y que, además, fue nombrado patrón celestial de los poetas.

Y diseñaron que David cometiera adulterio, provocara la muerte del esposo ofendido y, en el colmo del desvarío, fuera elevado a los altares

Y les pareció bien.

Salomón

En el libro primero de Reyes, capítulo 11, se puede leer la Revelación de otro caso escandaloso para los ojos púdicos. Se trata del rey Salomón, se supone que un varón de gran potencia pues atendía a varios cientos de esposas y concubinas; pero eso, con ser muy grave para cualquier creyente, no fue lo peor. Lo verdaderamente ofensivo es que entre esa multitud de amantes mujeres las había enemigas del pueblo y, peor aún, paganas moabitas, amonitas, edomitas, sidonias e hititas; es decir, mujeres de las naciones con las que Yahvé había prohibido a los israelitas establecer relaciones matrimoniales, porque es seguro que conseguirían que sus corazones se desviaran hacia otros dioses. Y tan seguro estaba Yahvé de eso, que sucedió tal como estaba previsto. Salomón rindió culto a Astarté (Asera), diosa de los sidonios, fenicios, sumerios y acadios, y a Milcom (Moloch, Baal), ídolo de los amonitas, fenicios y cananitas. La prueba de que Salomón sobrepasó los límites aceptables es que, hasta la fecha, no ha sido santificado.

Mas, pese a todos esos excesos salomónicos, Yahvé apenas los tuvo en cuenta a la hora de aplicarle un justo y severo castigo, porque él ya había ideado, desde el principio de los tiempos, que así ocurriera. Seguramente la Trinidad ya hizo la previsión de que este insigne promiscuo sería el constructor de un famoso templo, por eso había que exonerarlo de la lapidación que se aplicaba al resto del pueblo por pecados mucho menos graves.

Y diseñaron los excesos salomónicos.

Y les preció bien.

Los no redimidos

Como ya dije, creo que una prueba fehaciente de que los humanos no estamos capacitados para comprender todos los actos de Yahvé se encuentra en la tardanza de la Redención. Transcurrirían los siglos y los milenios, y puede que hasta más tiempo, con aquella pesada carga para la humanidad, pero Yahvé nada haría por remediar tal situación; y la gente, por millones, nacería, viviría y moriría sin conocer la realidad de la pena que heredaban y transmitían. Además, estaba previsto que nadie tendría a bien advertirlo, lo cual a un humano pude parecerle enormemente injusto, pero, en fin, la verdad es que así se proyectó y no hubo más remedio que acatar la decisión del Creador. Aunque, lo cierto es que, a fecha de hoy, todavía nadie ha revelado el destino que tuvieron aquellas almas marcadas con la horrible mácula de tan infausto y original pecado, y que tuvieron la desgracia de fallecer antes de la Redención, un acontecimiento indispensable para ser salvados, según cuentan quienes lo saben bien, pero inexplicablemente demorado.

¿Acaso fueron al Infierno? No lo creo. Porque, a parte de que no se les concedió la oportunidad de arrepentirse en nombre ajeno y, además, nadie les informó de su situación, resulta que no tuvieron la culpa de que el Hijo, por su demora redentora, no había tenido a bien redimirlos convenientemente. ¿Tal vez fueron al Purgatorio? Tampoco lo creo, por las mismas razones anteriores y, también, porque ese lugar supone solo una condena temporal, tras la cual espera el Cielo. Todo ello haría colapsar el tinglado que sustenta el dogma de la Redención imprescindible para la salvación.

Siendo así, ¿dónde están esos millones de almas? Lo cierto es que, en este punto, la Revelación nada reveló. A la Iglesia Verdadera, para aclarar de una vez por todas tal misterio, se le ha ocurrido una contundente respuesta, seguramente meditada y contrastada: "fueron sometidas al criterio de Yahvé..." y así ellos se quedaron satisfechos, pero no entiendo que, sabiendo tanto sobre el dios judío, no especifiquen cuáles son esos criterios.

Aunque, no hay más que acudir al Catecismo para obtener la respuesta:

847. Los que sin culpa suya no conocen el Evangelio de Cristo y su Iglesia, pero buscan a Yahvé con sincero corazón e intentan en su vida, con la ayuda de la gracia, hacer la voluntad de Yahvé, conocida a través de lo que les dice su conciencia, pueden conseguir la salvación eterna.

A esta sentencia no sé si calificarla como una discriminación o como una perogrullada, o las dos cosas a la vez. Veamos: Quienes no conocen el Evangelio, en primer lugar, no tienen la culpa, lógicamente, de que Yahvé, en su proyecto, los discriminara al no incluirlos dentro del grupo de los evangelizados preferentes. En segundo lugar, no pueden buscar a Yahvé, sea con sincero corazón o sin él, porque no tienen idea de quien es él, precisamente por no haber sido catequizados. Tampoco pueden hacer la voluntad de Yahvé porque no la conocen. Y si su conciencia les dicta, por ejemplo, que el canibalismo es un comportamiento adecuado o, como creían aquellos santos varones, que el adulterio y el incesto eran actos adecuados para la conservación de la estirpe, ¿quién se va a atrever a no concederles la salvación eterna?

Y dijo Yahvé: Con el fin de alargar una situación que preocupará enormemente a la población mundial, hemos decidido demorar la necesaria e imprescindible Redención del Hijo hasta pasados varios miles de años.

Y les pareció bien.

La Revelación

Preguntas:

¿Pretendía Yahvé otorgar su Revelación para que el mundo entero conociera la verdad? ¿Tenía Yahvé la intención de obtener un éxito absoluto en su adoctrinamiento? ¿Era capaz Yahvé de revelar su Palabra de forma clara con el fin de que fuera comprendida y aceptada, al instante y sin discusión, por todo el mundo?

(Nota: Para continuar es necesario responder afirmativamente a las tres preguntas)

Pues bien, si se responde que sí a todo, se establece una contradicción, puesto que si Yahvé quería, sabía y podía darnos una Revelación fácilmente creíble y aceptable por todos los pueblos, ya me contarán a qué se ha debido la aparición de religiones, sectas, herejías, persecuciones, fundamentalismos, inquisiciones, guerras santas... Toda la historia de las religiones evidencia que Yahvé no pudo, no supo o no quiso inspirar una Revelación absolutamente convincente; sin embargo, es obvio que esa actitud es contraria a la idea que se tiene respecto a Dios.

Y no me vengan ahora con la manida excusa de que la Humanidad es torpe e infiel. Primero, porque si es así, lo es por culpa del Creador y, segundo, porque aunque seamos tan desastres, Yahvé siempre debería haber tenido poder para soslayar esos inconvenientes creativos haciendo que la Revelación fuese entendida hasta por los estúpidos. Eso es justo lo que hubiera hecho Dios para evitar los desmanes posteriores.

Eso viene a significar que aquí está fallando algo.

O bien Yahvé no quería, no sabía o no podía hacer que la Revelación obtuviera un éxito del cien por cien en toda la población mundial; lo cual sería decepcionante. O la Revelación no es, ni ha sido jamás, obra divina; cosa más razonable y que mantendría a Dios a salvo de tanta insensatez. Porque es fácilmente entendible, sin lugar a dudas, que una obra humana pueda estar repleta de errores, contradicciones y escenas escabrosas. Pero, también y sobre todo, está clarísimo que una denominada Revelación, haciéndola cuanto más oscura mejor, siempre necesitará el concurso de exegetas y teólogos bien adoctrinados, ambos especialistas muy convenientes para el buen mantenimiento de la Iglesia Verdadera. Por cierto, la única capaz, según esos mismos teólogos, de enderezar los entuertos inspirados por Yahvé.

En verdad, si la Revelación hubiera sido fácilmente comprendida por todos, hace miles de años que nos habríamos ahorrado todos estos líos. Pero, la Trinidad había diseñado que todo sucediera así con el fin de que su Proyecto pudiera desarrollarse en todas sus fases y, finalmente, culminar con el éxito previsto.

MATEO 13,11. Él les respondió: A vosotros se os ha concedido conocer los misterios del Reino de los Cielos, pero a ellos no. Porque a quien tiene, se le dará más todavía y tendrá en abundancia, pero a quien no tiene, se le quitará aun lo que tiene. Por eso les hablo por medio de parábolas: porque miran y no ven, oyen y no escuchan ni entienden.

Mas lo chocante es que la propia Revelación reconoce que carecía de universalidad, lo cual fue una discriminación hacia el resto de la humanidad. A lo largo de toda la Biblia hay datos más que suficientes que determinan esta Verdad manifiesta: Los personajes influyentes, primero judíos y después cristianos, dejaron de lado a toda persona que no comulgase con sus ideas. Es más, no las tuvieron en cuenta a la hora de la Revelación.

Y en demasiados casos esa Revelación no revela, ya sea porque es un don que no se otorga a todos, o porque no es clara y cierta en su totalidad.

Acabada la Tercera Fase del Proyecto

Las Tres-Personas-en-Una se sentían entusiasmadas pues se daban cuenta de que estaban proyectando la obra más sublime que jamás se hubiera realizado. Todas las fases del Proyecto iban encajando.

Acababan de diseñar la manera en que sus Hijos entrarían en escena acostándose con las mujeres, lo cual sería la excusa perfecta para eliminar a la población mundial de animales, incluidos los humanos, con lo que evitarían un primer colapso poblacional.

Se jactaban de la excelente demostración de inteligencia que habían demostrado al elegir a un único pueblo de entre los otros cientos, a fin de que allí, y solo allí, tuviera lugar el desarrollo de las siguientes fases. Previamente a esta decisión, habían estado debatiendo sobre la conveniencia, o no, de que los acontecimientos abarcaran al unísono a los cinco continentes –actitud muy razonable para los humanos- pero, finalmente, se impuso la cordura, por aquello de que el que mucho abarca poco aprieta. Ellos, infinitamente sabios, sabían que había que avanzar pasito a pasito y, por eso, diseñaron su Proyecto a más de seis mil años vista.

Cuarta Fase: LA TRAMA

Todo fue premeditado

MATEO 16,23. Pero él, dándose vuelta, dijo a Pedro: ¡Retírate, ve detrás de mí, Satanás! Tú eres para mí un obstáculo, porque tus pensamientos no son los de Yahvé, sino los de los hombres.

La evidencia de que todo estaba meticulosamente premeditado la tenemos en este versículo de Mateo, en el que Jesús recrimina duramente a Pedro por intentar oponerse, sin saberlo, a los planes de Yahvé.

MATEO 20,18. Ahora subimos a Jerusalén, donde el Hijo del hombre va a ser entregado a los sumos sacerdotes y a los escribas. Ellos lo condenarán a muerte y lo entregarán a los paganos para que sea maltratado, azotado y crucificado, pero al tercer día resucitará.

MATEO 20,28. Como el Hijo del hombre, que no vino para ser vendido, sino para servir y dar su vida en rescate por una multitud.

Jesús sabía que, como cordero indefenso, iba directamente al matadero, no obstante, nada hizo por impedirlo ya que, de haberlo hecho, habría contravenido lo acordado por las Tres-Personas-en-Una en el principio de los tiempos, cuando redactaron el Proyecto. En efecto, con el fin de que la Iglesia <Verdadera> pudiera surgir, escindida del judaísmo, era necesario que el Hijo cometiera dos fraudes: Uno, el de no ejercer todo su poder frente a sus enemigos. Otro, el de no huir a otros países para eludir su captura.

MATEO 26,2. Ya sabéis que dentro de dos días se celebrará la Pascua, y el Hijo del hombre será entregado para ser crucificado.

MATEO 26,20. Al atardecer, estaba a la mesa con los Doce y, mientras comían, Jesús les dijo: Os aseguro que uno de vosotros me entregará. Profundamente apenados, ellos empezaron a preguntarle uno por uno: Seré yo, Señor. El respondió: El que acaba de servirse de la misma fuente que yo, ese me va a entregar... Judas, el que lo iba a entregar, le preguntó: ¿Seré yo, Maestro? Tú lo has dicho, le respondió Jesús.

Esto, o es un diálogo entre besugos o es inadmisible. La escena muestra a once apóstoles buenos, en apariencia dispuestos a defender al líder, incluso, algunos de ellos portando armas, y otro apóstol malvado. El líder les señala, sin lugar a dudas, quién es el traidor y los once responden al unísono: ¡Este cordero está exquisito!... Y continúan disfrutando de la opípara cena y del buen vino.

Los apóstoles: ¿Eran sordos o estúpidos? ¿Les importaba un bledo la seguridad de su maestro?

Jesús: ¿Por qué aceptó a Judas a sabiendas de que lo traicionaría? ¿Por qué no ordenó que lo retuvieran? ¿Por qué no huyó para evitar su apresamiento?

MATEO 26,39. Y adelantándose un poco, cayó con el rostro en tierra, orando así: Padre mío, si es posible, que pase lejos de mí este cáliz, pero no se haga mi voluntad, sino la tuya... Se alejó por segunda vez y suplicó: Padre mío, si no puede pasar este cáliz sin que yo lo beba, que se haga tu voluntad.

En primer lugar, me hago la reflexión siguiente: Los evangelistas no fueron testigos de los hechos y, sin embargo, afirmaron que contaban la verdad de lo sucedido después de haberse informado de fuentes fidedignas, lo cual hay que creer porque lo dicen ellos, solo ellos. Pues bien, si Jesús se apartó del grupo para orar y, además, los apóstoles se durmieron, ¿cómo se atreven a certificar que Jesús dijo precisamente esas frases? Lo ético hubiera sido advertir de que aquellas palabras eran supuestas.

En segundo lugar, no entiendo el motivo de su preocupación. Él sabía todo lo que iba a suceder y conocía su cometido, por lo tanto, ese temor que le impelía a echar al traste la misión que le había sido encomendada era, además de improcedente, impropio de su categoría personal.

En tercer lugar, si era él quien aliviaba los dolores de quienes padecían toda clase de enfermedades, los curaba e, incluso, resucitaba a los muertos, es de suponer que se aplicaría a sí mismo idénticos remedios. Por tanto, es coherente sospechar que el evangelio no dice la verdad, ya sea porque no es cierto que Jesús sufriera o porque, si sufría tal como cuentan, Jesús no era quién decían.

MATEO 27,11. Jesús compareció ante el gobernador, y este le preguntó: ¿Tú eres el rey de los judíos? Él respondió: Tú lo dices. Al ser acusado por los sumos sacerdotes y los ancianos, no respondió nada. Pilato le dijo: ¿No oyes todo lo que declaran contra ti? Jesús no respondió a ninguna de sus preguntas, y esto dejó muy admirado al gobernador.

Está claro el compromiso que el Hijo había adquirido en el principio de los tiempos: Aguantar carros y carretas sin intentar siquiera una mínima defensa en su favor. Aquello bien pudo haber sucedido así:

Dijo Yahvé: Hemos proyectado que la Segunda Persona se inhiba de sus poderes cuando sea acusado, con esta actuación conseguiremos que sea condenado y así nuestro Plan podrá alcanzar la meta prevista.

Y les pareció bien.

LUCAS 22,22. Porque el Hijo del hombre va por el camino que le ha sido señalado, pero ¡ay de aquel que lo va a entregar!

-Va por el camino señalado.- Es la única excusa que encuentro para ese proceder tan fraudulento por parte del Hijo, porque nadie puede hacerme creer que, de no haber sido así, habría esgrimido ante Pilato un argumento tan extraordinariamente convincente que habría sido colocado al instante en el trono de Israel.

Es más, me atrevo a calificar de hereje a quien no crea que Jesús, si es que era el Hijo unigénito de Yahvé, tendría poderes suficientes como para imponerse a todos con la fuerza de la razón o, simplemente, con una millonésima de su poder infinito; sin embargo, lo que sucedió es que no podía ejercerlos por acuerdo divino. Otra posibilidad, respecto a lo sucedido, es que Jesús fuera, sencillamente, un personaje inventado por Pablo y, por eso, casi siempre demasiado humano.

JUAN 5,36. Pero el testimonio que yo tengo es mayor que el de Juan: son las obras que el Padre me encargó llevar a cabo. Estas obras que yo realizo atestiguan que mi Padre me ha enviado.

JUAN 6,38. Porque he bajado del cielo, no para hacer mi voluntad, sino la del que me envió.

JUAN 7,28. Entonces Jesús, que enseñaba en el Templo, exclamó: ¿Así que me conocéis y sabéis de dónde soy? Sin embargo, yo no vine por mi propia cuenta.

Respecto a esas sorprendentes frases me pregunto: ¿Qué se diría de un sujeto que afirmara que no vino por propia iniciativa, sino que fue enviado por orden de otro y que no podía hacer su propia voluntad sino la ordenada por ese otro? Pues se diría que es un individuo sin personalidad, carente de iniciativa y sin ideas propias.

HECHOS 2,23. A ese hombre que había sido entregado conforme al plan y a la previsión de Yahvé, vosotros lo hicisteis morir, clavándolo en la cruz por medio de los infieles.

HECHOS 4,28. Así ellos cumplieron todo lo que tu poder y tu sabiduría habían determinado de antemano.

JUAN 13,2. Durante la Cena, cuando el demonio ya había inspirado a Judas Iscariote, hijo de Simón, el propósito de entregarlo.

Y el colmo de esa confabulación lo encuentro al enterarme de que Yahvé, que todo lo había ideado, involucró a Satanás en el apresamiento de Jesús.

Lo que sigue no pudo suceder... o, tal vez, sí. El autor afirmó que Yahvé no tuvo inconveniente en hacer enfermar a una persona con el fin de que el Hijo pudiera lucirse curándola. Me extraña que alguien pueda creer que Dios sería capaz de semejante maldad. Sin embargo, de Yahvé sí se podían esperar actos similares, pues, con tal de que su Plan saliera airoso, era capaz de las acciones más terribles.

JUAN 11,3. Las hermanas enviaron a decir a Jesús: Señor, el que tú amas, está enfermo. Al oír esto, Jesús dijo: Esta enfermedad no es mortal; es para gloria de Yahvé, para que el Hijo de Dios sea glorificado por ella.

¿Qué haría si me enterara que un familiar muy querido había sido apresado por fanáticos, que estaba siendo torturado y que iba a ser asesinado? Trataría de liberarlo utilizando todos los medios posibles. Si lo consiguiera, me sentiría inmensamente feliz, a la vez que sería elogiado por familiares y amigos. Cualquier cristiano actuaría del mismo modo con su prójimo, así debería ser, pero...

¿Se imagina que habría sucedido si hace dos mil años yo hubiera conseguido liberar a Jesús? A parte de que todo el tinglado habría colapsado, es evidente que Yahvé, dios padre y señor nuestro, me habría fulminado con su rayo mortal por haber desbaratado su plan. Sin, embargo, si lo hubiera dejado morir, me habría salvado del castigo divino. ¿Será por eso que ninguno de sus parientes y amigos intentó rescatar a Jesús? Es un absurdo, inconcebible para la razón, adoctrinar con la idea de que Dios no fuera lo suficientemente amantísimo como para perdonar sin satisfacerse viendo el sacrificio de otros seres.

La Simonía

MATEO 10,8. Curad a los enfermos, resucitad a los muertos, purificad a los leprosos, expulsad a los demonios. Vosotros habéis recibido gratuitamente, dad también gratuitamente.

JUAN 4,8. Sus discípulos habían ido a la ciudad a comprar alimentos.

Dijo Jesús: -Dad gratuitamente-, pero iban a la ciudad a comprar alimentos. ¿De dónde sacaban el dinero para comprar esos alimentos? Sencillamente, practicaban aquello tan sublime: "Haz lo que digo, pero no hagas lo que hago". Habían encontrado la fuente del dinero fácil: Ejercer la simonía.

HECHOS 8,9. Desde hacía un tiempo, vivía en esa ciudad un hombre llamado Simón, el cual con sus artes mágicas tenía deslumbrados a los samaritanos y pretendía ser un gran personaje. Todos, desde el más pequeño al más grande, lo seguían y decían: Este hombre es la Fuerza de Dios, esa que es llamada Grande. Y lo seguían, porque desde hacía tiempo los tenía seducidos con su magia... Simón también creyó y, una vez bautizado, no se separaba de Felipe. Al ver los signos y los grandes prodigios que se realizaban, él no salía de su asombro... Al ver que por la imposición de las manos de los Apóstoles se confería el Espíritu Santo, Simón les ofreció dinero, diciéndoles: Les ruego que me den ese poder a mí también, para que aquel a quien yo imponga las manos reciba el Espíritu Santo. Pedro le contestó: Maldito sea tu dinero y tú mismo, Porque has creído que el don de Dios se compra con dinero. Tú no tendrás ninguna participación en ese poder, porque tu corazón no es recto a los ojos de Dios.

Me voy a permitir la licencia de sustituir en este versículo a ese tal Simón por Jesús. Quedaría así: -...Todos le seguían y decían de Jesús: Este hombre es la fuerza de Dios, esa que es llamada Grande, y le seguían porque desde hacía tiempo Jesús los tenía seducidos...- ¿Verdad que no desentona?

Una prueba de lo rentable que suponía hacer el bien al prójimo puede leerse en Hechos. Simón el Mago –un curandero que predicaba como un apóstol más- estaba dispuesto a comprar los derechos y privilegios de curar con la imposición de manos. Téngase en cuenta que la compra-venta de cargos religiosos, por algo será, siempre ha sido algo común desde el principio de las religiones. En este asunto se da un caso curioso: Los seguidores del sanador están convencidos de que sus artes son dones divinos, este podría ser el caso de Jesús; mientras que los detractores dicen que son actos de brujería auspiciados por los demonios, esto le sucede a muchos curanderos.

¿Qué es la "simonía? El término deriva de ese Simón y se aplicó, desde entonces, a todos los intereses cobrados por la Iglesia Verdadera por todos sus actos, incluso por rezar para sacar alguna ánima del purgatorio. Hoy es de aplicación parroquial en bautizos, bodas y, sobre todo, en las misas de difuntos. Hay misas en las que mi párroco llega a citar hasta siete u ocho nombres de seres recordados por familiares... a razón de 10 ó 20 euros por alma.

Bienes materiales a cambio de bienes espirituales. ¿Trueque divino o demoníaco?

En Wikipedia hay una definición más completa:

La simonía es, en el cristianismo, la compra o venta de lo espiritual por medio de bienes materiales. Incluye cargos eclesiásticos, sacramentos, reliquias, promesas de oración, la gracia, la jurisdicción eclesiástica, la excomunión, etc.

¿En algún pasaje bíblico dijo Jesús que era más conveniente ganar dinero trabajando que pidiendo? Nunca lo dijo ni lo insinuó, incluso visto su comportamiento, creo que fomentó lo contrario entre sus discípulos. Y los autores sagrados no iban a ser tan estúpidos de clausurar la fuente que manaba riquezas y que tenían en propiedad. Aquel manantial estuvo brotando en abundancia oficialmente durante más de diez siglos, hasta que el Papa Gregorio VII lo recortó en parte, prohibiendo la venta de cargos eclesiásticos.

El hecho de que se vendieran jurisdicciones o cargos eclesiásticos no me preocupa, aunque sí me confirma la alta rentabilidad económica que se conseguía al detentar unos esos puestos de relevancia dentro de la Iglesia Verdadera, lo cual ha conllevado intrigas, peleas y hasta asesinatos.

Pero lo que me provoca tristeza son las ventas de esos supuestos favores divinos. Porque estoy seguro de que Dios no habría consentido ese fraude amparado en su nombre. Sin embargo, como la Iglesia Verdadera cree firmemente en Yahvé, no ha de extrañar que él permita el lucro al abrigo de su Revelación.

Por el lado del defraudador, hay que tener exceso de descaro al afirmar que mediante el pago de dinero se pueden conseguir beneficios en el más allá.

Por el lado del incauto creyente, hay que ser muy lelo para creer que Dios reduciría las penas de sus castigos a cambio de dinero. Y ello por tres motivos fundamentales. Primero, porque Dios no apreciaría la riqueza terrenal. Segundo, porque eso beneficiaría más a los ricos. Tercero, y esencial, porque Dios, con su infinita bondad, no castigaría a nadie ni haría discriminación de personas.

Y la simonía tiene plena vigencia, aunque ahora le llaman: la voluntad. Es decir, no se exige una cantidad fija por los servicios prestados, sino que se deja a la voluntad de cada bolsillo. Este es el caso de mi familia:

Mi hermano falleció el 21 Noviembre del año 1972. Tras el funeral, una semana después se le “hizo” la primera misa. Mis padres, durante los siguientes treinta y cinco años, el día 21 de cada mes le <hacían una misa>. Entiéndase que “hacer una misa” es, simplemente, citar durante el oficio una sola vez el nombre. Hoy día, mi madre continúa con las misas a mi padre y a mi hermano, a razón de 20 euros por allegado. Y eso es dinero negro, que evade los impuestos a la Hacienda Pública, pero que, sin embargo, pagan religiosamente los creyentes.

Esas son las consecuencias de la fe ciega en Yahvé. Es el resultado del lavado de cerebro que hace creer que, allá arriba, te reducen las penas si tienes la suerte de que alguien, aquí abajo, pague por ello. Dejando a parte lo cristiano o no de este asunto, lo ético sería que los párrocos disuadieran a sus feligreses de lo inútil de esa práctica.

Mandamientos

Lo que dijo Jesús va a misa. Así que no hay que asustarse por lo que otros pretendan imponer; ya que, pese a la claridad absoluta del mensaje evangélico, la Iglesia Verdadera quiere hacer creer a sus adeptos que no deben realizar simples actos impuros, supongo en referencia expresa al sexo, porque al hacerlos se comete pecado, incluso si solo se trata de deseos. Pero, como decía, el mensaje del personaje Jesús es nítido. Únicamente es castigado el adulterio, lo cual es muy lógico pues se hace daño a terceros. Lo anterior se puede aplicar igualmente a las mentiras. Jesús se refirió al falso testimonio, es decir al perjurio, circunstancia que también perjudica a otras personas. Este mensaje de Jesús no se leía en aquellas catequesis atemorizadoras del colegio porque habría contradicho los mensajes tenebrosos con los que intentaban lavar los cerebros de los niños que asistíamos temerosos de ser arrojados al fuego. Y digo yo, si en tiempos del Cristianismo primitivo se podía ir al Cielo sin la obligatoriedad de oír misa entera todos los domingos y fiestas de guardar, sería incoherente y, sobre todo, injusto que ahora me castigaran por no cumplir el mandamiento.

Finalmente, me asalta una duda no aclarada por Jesús. Al decir que para entrar en la Vida Eterna es imprescindible no matar, no sé si se estaba refiriendo a solo asesinar o a matar en general.

Quinta Fase: LA REDENCIÓN

Y Yahvé dijo: Es absolutamente necesaria la Redención, pero no urgente; pues es conveniente que pasen unos cuantos miles de años antes de redimir a nuestra amada humanidad. Además, no tengo porqué revelarme a toda el mundo al unísono, Yo soy eterno y para mí el tiempo no corre, por lo que no importa esperar otros milenios más hasta que mi revelación sea suficientemente conocida. Nosotros no buscamos el éxito a corto plazo.

Y diseñaron una Redención tardía y una Revelación parsimoniosa.

Y les preció bien.

En aquellos tiempos, se crucificaba a esclavos, ladrones y delincuentes políticos; pero muy rara vez a algún ciudadano del imperio: Debido a esto, Pablo, que era nacionalizado romano, fue muerto por decapitación. Estas ejecuciones en el patíbulo eran tan espantosas que algunos escritores se abstuvieron de describirlas y los pintores rara vez las representaron. En la tradición judía el método de ejecución más usual era la lapidación, aunque a veces se ahorcaba al reo en un árbol, como advertencia a otros.

El santo sudario

MARCOS 15,46. Este compró una sábana, bajó el cuerpo de Jesús, lo envolvió en ella y lo depositó en un sepulcro cavado en la roca.

MATEO 27,57. Entonces José tomó el cuerpo, lo envolvió en una sábana limpia y lo depositó en un sepulcro nuevo que se había hecho cavar en la roca.

Para los autores de Marcos y Mateo, resulta que el tal José compró una sábana y con ella envolvió el cuerpo de Jesús. A esta se debe referir la famosa Síndone de Turín, entre otras.

JUAN 20,5. Asomándose al sepulcro, vio las vendas en el suelo, aunque no entró. Después llegó Simón Pedro, que lo seguía, y entró en el sepulcro; vio las vendas en el suelo, y también el sudario que había cubierto su cabeza; este no estaba con las vendas, sino enrollado en un lugar aparte.

Sin embargo, el autor de Juan, beneficiándose del mismo ente inspirador que los anteriores, los contradijo, pues aseguró que el sudario sirvió para cubrir solo la cabeza. A esto deben referirse los múltiples Santos Rostros, como el de Jaén. Es evidente que Juan nada conocía de una sábana que cubriera el cuerpo, ya que citó unas vendas, es decir unas tiras similares a las utilizadas para momificar. Por lo leído, se ve que Juan no se enteró de que si iba a resucitar no era conveniente liarle todo el cuerpo con vendas.

Al tercer día resucitó

MATEO 12,40. Porque así como Jonás estuvo tres días y tres noches en el vientre del pez, así estará el Hijo del hombre en el seno de la tierra tres días y tres noches.

La Revelación cuenta otra historia relacionada con la discordia entre los deseos del Hijo encarnado y las intenciones de la Trinidad, y que ya he citado como una profecía incumplida. Al parecer sucedió así: El hijo pretendía pasar tres días completos haciéndose el muerto y así lo anunció con antelación: Tres días y tres noches. Este fue el motivo por el que sus adeptos, confiando en su palabra, se acercaron al sepulcro en la seguridad de que seguiría allí. Sin embargo, a la vista de lo hechos, las Tres-Personas-en-Una debieron considerar necesario adelantar en día y medio la Resurrección y lo obligaron a volver a la vida antes de lo profetizado.

LUCAS 23,53. Después de bajarlo de la cruz, lo envolvió en una sábana y lo colocó en un sepulcro cavado en la roca, donde nadie había sido sepultado. Era el día de la Preparación, y ya comenzaba el sábado.

MARCOS 16,1. Pasado el sábado, María Magdalena, María, la madre de Santiago, y Salomé compraron perfumes para ungir el cuerpo de Jesús. A la madrugada del primer día de la semana, cuando salía el sol, fueron al sepulcro.

La realidad es patente. Si murió al atardecer de un viernes y resucitó, como muy tarde, en el amanecer del domingo siguiente, resulta que permaneció sepultado la noche del viernes al sábado, el día del sábado y la noche del sábado al domingo; es decir, un total de dos noches y un día. La única explicación que se me ocurre, a fin de excusar esta contradicción divina, es que, siguiendo el Plan ideado, era necesario que sucediera así para que, siglos después, la Iglesia Verdadera pudiera diferenciarse de la Religión de Yahvé santificando el primer día de la semana como Día del Señor.

HECHOS 3,15. Pero Yahvé, Dios, lo resucitó de entre los muertos, de lo cual nosotros somos testigos.

¡Quieren blanquearme el cerebro! Pretenden que me crea que, por un lado, las Tres-Personas-en-Una conforman el mismo y único Dios, mientras que, por otro lado, la Segunda Persona no era autónoma ni para resucitar a otros ni para resucitarse a sí misma y necesitaba el poder de la Primera.

MATEO 27,57. Entonces José tomó el cuerpo, lo envolvió en una sábana limpia y lo depositó en un sepulcro nuevo que se había hecho cavar en la roca. Después hizo rodar una gran piedra a la entrada del sepulcro, y se fue.

MARCOS 16,3. Y decían entre ellas: ¿Quién nos correrá la piedra de la entrada del sepulcro? Pero al mirar, vieron que la piedra había sido corrida; era una piedra muy grande.

Comparo estos versículos para que quede constancia de que aquella gran piedra, que hacia de puerta para cerrar el sepulcro, fue cerrada con la fuerza de una sola persona y, por tanto, también la pudo abrir sin ayudas celestiales.

La Resurrección

HECHOS 5,30. Yahvé, el Dios de nuestros padres ha resucitado a Jesús, al que hicisteis morir suspendiéndolo del patíbulo. A él, Dios lo exaltó con su poder, haciéndolo Jefe y Salvador, a fin de conceder a Israel la conversión y el perdón de los pecados.

Claro, leyendo esto no me extraña que el Hijo encarnado se resistiera a autosacrificarse, ya que es seguro que él sabía a ciencia cierta que su pretensión de conceder a Israel la conversión –él era judío de pura cepa- no prevalecería frente a lo proyectado por la Trinidad, que no era otra cosa que conceder a los enemigos de su pueblo –la Iglesia Verdadera- la conversión y el perdón de los pecados.

Aunque lo que más me llama la atención es leer eso de que el Hijo, pese a ser consustancial con Yahvé y pertenecer a la Trinidad, no tuviera la autonomía necesaria para obrar por propia iniciativa. En los evangelios se evidencia que en la mentes de sus autores todavía no había calado el dogma de que su Maestro era Dios por sí mismo.

MATEO 28,2. De pronto, se produjo un gran temblor de tierra: el Ángel del Señor bajó del cielo, hizo rodar la piedra del sepulcro y se sentó sobre ella. Su aspecto era como el de un relámpago y sus vestiduras eran blancas como la nieve. Al verlo, los guardias temblaron de espanto y quedaron como muertos.

A leer esto, lo primero que se me ocurre es dudar del texto, pues considero una misión imposible localizar, varias décadas después, a aquellos guardias que, según cuentan, fueron los únicos testigos de que la piedra fue rodada por unos ángeles. Es difícil creer que se conservara el documento con la orden militar de aquel día nombrando a los soldados que integrarían aquella vigilancia. En efecto, por un lado, los únicos testigos de aquel prodigio fueron los soldados de la guardia. Por otro lado, es sabido que los evangelios fueron escritos muchos años después de los sucesos narrados. Por tanto, es altamente improbable que Mateo localizara a aquellos guardias para interrogarles. Además, nada se dice respecto a que esos guardias vieran salir a Jesús con su cuerpo glorioso.

Pero el Hijo insistía en la Resurrección como paso previo antes de entrar en la Gloria. Siendo así, hemos de estar preparados para la hecatombe perfecta. Quienes están muy enterados de las intenciones de Yahvé no cesan de advertir que el fin de los tiempos está próximo –llevan diciendo esto desde hace varios miles de años-, por tanto, para que todos podamos resucitar, a continuación de ese ansiado día, es condición sine qua non que nadie se salve de la catástrofe. Con lo cual, el Hijo quería advertirnos de que, llegado ese anhelado día, todos moriremos –siete mil millones de personas- en un santiamén.

Y a los apóstoles les prometió una pronta resurrección, y los Papas esperaban la llegada del fin y San Agustín en el siglo IV se quedó esperando, y los Papas, en el siglo XXI, continúan esperando la ansiada llegada del fin, eso es lo que dicen de vez en cuando.

Argucias

MATEO 27,62. A la mañana siguiente, es decir, después del día de la Preparación, los sumos sacerdotes y los fariseos se reunieron y se presentaron ante Pilato, diciéndole: Señor, nosotros nos hemos acordado que ese impostor, cuando aún vivía, dijo: A los tres días resucitaré. Ordena que el sepulcro sea custodiado hasta el tercer día, no sea que sus discípulos roben el cuerpo y luego digan al pueblo: ¡Ha resucitado! Este último engaño sería peor que el primero. Pilato les respondió: Ahí tenéis la guardia, id y asegurad la vigilancia como lo creáis conveniente. Ellos fueron y aseguraron la vigilancia del sepulcro, sellando la piedra y dejando allí la guardia.

Con estos versículos se intentó preparar la argucia. La frase clave es: -No sea que sus discípulos roben el cuerpo y luego digan al pueblo: ¡Ha resucitado!-. En efecto, estoy convencido de que pudo haber sucedido así: Los discípulos, o el propio José de Arimatea, sacaron el cuerpo muerto o vivo, lo cual se convirtió en vox pópuli. Sin embargo, el evangelista, con esa frase, intentó que un suceso evidente, conocido y divulgado, quedase anulado por una supuesta desconfianza de los sacerdotes.

Además, la hipótesis evangélica carece de base sólida, ya que el propio evangelista reconoció que el sepulcro estuvo sin vigilancia toda una noche y parte de la mañana del sábado. Por tanto, el propio José de Arimatea, ayudado por Nicodemo, pudo haber aprovechado esa circunstancia para trasladar a Jesús, vivo o muerto, lejos de sus enemigos.

MATEO 28,11. Mientras ellas se alejaban, algunos guardias fueron a la ciudad para contar a los sumos sacerdotes todo lo que había sucedido. Estos se reunieron con los ancianos y, de común acuerdo, dieron a los soldados una gran cantidad de dinero, con esta consigna: Decid así: Sus discípulos vinieron durante la noche y robaron su cuerpo, mientras dormíamos. Si el asunto llega a oídos del gobernador, nosotros nos encargaremos de apaciguarlo y de evitaros cualquier contratiempo. Ellos recibieron el dinero y cumplieron la consigna. Esta versión se ha difundido entre los judíos hasta el día de hoy.

Y con este otro versículo, escrito adrede como si fuera un bulo, se pretende anular la noticia que, sobre la verdad de lo sucedido, circulaba por el pueblo: "Sus discípulos vinieron durante la noche y robaron su cuerpo... Esta versión se ha difundido entre los judíos hasta el día de hoy." Aunque toda la Resurrección había sido diseñada con minuciosidad, incluyendo la ventaja de elegir el sábado sagrado, día que los judíos solían pasar en sus domicilios o en el Templo, es probable que alguien viera cómo sacaban a Jesús o sospechara al ver merodear cerca del sepulcro a sus amigos.

Un cuerpo poco glorioso

La Iglesia Verdadera certifica que, en el Cielo, los cuerpos gloriosos de los resucitados tendrán unas propiedades diferentes a las que tenían cuando eran mortales. Los entendidos, posiblemente gracias a una concienzuda experimentación, creen firmemente que esas cualidades espirituales son similares a las que disfrutaba Jesús una vez resucitado.

Esos sabios han deducido –aunque no explican en qué se fundamentan- que los cuerpos gloriosos disponen de estas cualidades:

- Impasibilidad, o sea, no sufren dolores y son inmunes a la muerte.

- Agilidad, es decir, pueden ir a donde sus almas deseen.

- Sutileza, lo que significa que pueden atravesar cuerpos sólidos.

- Claridad y brillantez, con una esplendorosa y radiante belleza; eso sí, serán más o menos luminosos en función de la santidad que alcanzaron en su vida terrenal.

Ahora bien, sería adecuado calificar a las anteriores como cualidades muy positivas, porque también hay otros cuerpos gloriosos posiblemente con menos gloria y que tienen otras cualidades menos positivas, o plenamente terrenales. Son las siguientes, extraídas de la Revelación:

Pasibilidad: Temor a sufrir dolores o a morir nuevamente. Es lo que le ocurrió a Jesús al salir del sepulcro. Esta cualidad fue la que le obligó a esconderse de todos los que le habían juzgado, condenado y ajusticiado.

Torpeza o lentitud andante: Es la necesidad de recorrer a pie, durante medio día, un largo trecho de camino. Eso le ocurrió a Jesús una vez resucitado. Pero también les sucedió a aquellos dos ángeles que, después de comer en casa de Abraham, tuvieron que desplazarse a pie hasta Sodoma.

Insutileza o tosquedad pétrea: Es la imposibilidad de atravesar una roca. Por eso hubo que retirar la piedra del sepulcro para que Jesús pudiera salir una vez presuntamente resucitado.

Claridad y brillantez normalita. Por eso Jesús resucitado, al no destacar por nada en especial, no fue reconocido, en principio, por ninguno de sus allegados.

Apetito. Se refiere al alimento que ingirió Jesús cuando se presentó ante los apóstoles con su cuerpo glorioso. Otra prueba de esta cualidad la dieron Yahvé y dos ángeles cuando fueron invitados a un banquete en casa de Abraham.

Hay otras cualidades, como el pudor o la sensación de frío, que obligaron a Jesús, ya glorioso, a utilizar vestimentas al salir de la tumba.

Resumiendo, si Jesús murió y resucitó con un cuerpo plenamente glorioso, hago estas preguntas:

¿Por qué no visitó a Pilato, Anás, Caifás y a todo el sanedrín para convencerlos de su error?

¿Por qué no se presentó ante todo el pueblo que lo había visto morir?

¿Por qué tuvo que desplazarse andando?

¿Por qué no pudo atravesar la roca que tapaba el sepulcro?

¿Por qué no supieron reconocerlo?

¿Por qué necesitó alimentarse?

¿Por qué tuvo que usar vestimenta?

El ropaje glorioso

Sé a ciencia cierta, porque estoy harto de verlo por televisión, que todos los tejidos, ya sean naturales como artificiales, tiene la cualidad de convertirse en espirituales o gloriosos. Sucede en todas las apariciones de entes del más allá. Esos seres aparecen siempre convenientemente vestidos, lo cual es indicativo de que el pudor no se pierde con la muerte. Pero igual ocurre en las apariciones marianas y en las del resto de santos.

Y con las apariciones de Jesús, tras su muerte, sucedió lo mismo. José de Arimatea envolvió el cuerpo con una sábana, porque Jesús fue crucificado desnudo, como todos los ajusticiados. Cuando el primer día de la semana, después del sábado, los apóstoles entraron en el sepulcro encontraron solo el sudario, es decir, Jesús había abandonado la única tela que lo cubría. Sin embargo, a continuación, se apareció adecuadamente cubierto con una túnica que no se sabe de dónde la sacó. ¡Ojo! También los ángeles que estaban junto al sepulcro lucían túnicas blancas. Con lo cual se certificó que los cuerpos de los resucitados, al igual que los espíritus celestiales, necesitan cubrirse con ropajes gloriosos. Considero que de estas experiencias reveladas se extrae una deducción muy interesante: En el Cielo existen telares y costureras.

Sin testigos

Catecismo, 639. El misterio de la resurrección de Cristo es un acontecimiento real que tuvo manifestaciones históricamente comprobadas como lo atestigua el Nuevo Testamento.

Estoy de acuerdo con el Catecismo en una cosa: la resurrección del Cristo Cristiano es un misterio. Eso sí, está demostrada porque así lo cuenta el Nuevo Testamento. Amén.

Catecismo, 648. La Resurrección de Cristo es objeto de fe en cuanto es una intervención trascendente de Yahvé mismo en la creación y en la historia. En ella, las tres personas divinas actúan juntas a la vez y manifiestan su propia originalidad.

Es indiscutible que las Tres-Personas-en-Una actúan juntas y a la vez, y no es menos cierto que en sus decisiones manifiestan una originalidad propia y exquisita, como sucedió cuando acordaron diseñar el peliagudo asunto de la Resurrección. Se jugaban todo a una carta. Finalmente idearon la treta perfecta: justo en el momento en que los testigos se ausentaran del sepulcro, el Hijo abandonaría el lugar y se escondería de las miradas enemigas. El final de lo planificado en el principio de lo tiempos se acercaba y no podía desbaratarse por un mínimo fallo, por eso interesaba que para la posteridad quedara una duda: el sepulcro vacío no sería una prueba directa y nadie podría decir cómo sucedió, y esa incertidumbre sería aprovechada para adaptarla a las necesidades del Proyecto en forma de dogma de fe.

Catecismo, 640. "¿Por qué buscar entre los muertos al que vive? No está aquí, ha resucitado". En el marco de los acontecimientos de Pascua, el primer elemento que se encuentra es el sepulcro vacío. No es en sí una prueba directa. La ausencia del cuerpo de Cristo en el sepulcro podría explicarse de otro modo.

Catecismo, 647. En efecto, nadie fue testigo ocular del acontecimiento mismo de la Resurrección y ningún evangelista lo describe. Nadie puede decir cómo sucedió físicamente... Acontecimiento histórico demostrable por la señal del sepulcro vacío...

Si por algo me gusta el Catecismo es por la contundencia de sus argumentos: -El sepulcro vacío... No es una prueba directa... Podría explicarse de otro modo... Nadie fue testigo ocular... Ningún evangelista lo describe... Nadie puede decir cómo sucedió... Pero... Demostrable por la señal del sepulcro vacío.- ¡Convincente demostración!

Ha sido revelado que la parte acusadora advirtió a Pilatos, al día siguiente del entierro, que el Hijo podía ser sacado del sepulcro, por lo que solicitaron una guardia que vigilara el acceso. Ese detalle no es baladí, sino que estaba perfectamente tramado por la Trinidad. No hay más que imaginar que esa guardia hubiera estado alerta desde el mismo instante del entierro; si hubiera sucedido así toda la historia habría cambiado para peor, pues hoy sabríamos la verdad de lo que ocurrió.

Y no es necesario mucho esfuerzo mental para hacerse una idea del desastre que habría supuesto el que los principales acusadores y actores de la condena hubieran podido certificar la muerte del Hijo y que, poco después, lo hubieran visto resucitado. Todos, sin excepción, lo habrían reconocido como lo que era: el auténtico Hijo de Yahvé. La noticia se habría extendido por todo el Orbe y los historiadores habrían narrado la extraordinaria verdad. En definitiva, la humanidad entera habría sucumbido a la verdad indiscutible del Hijo... Pero el Proyecto de Yahvé habría fiasco por no haber podido concluir felizmente.

Ya lo advierte el Catecismo:

651."Si no resucitó Cristo, vana es nuestra predicación, vana también vuestra fe". La Resurrección constituye, ante todo, la confirmación de todo lo que Cristo hizo y enseñó.

En efecto, la visión del Hijo resucitado habría dado la prueba definitiva de su autoridad divina y el mundo entero, sin excepción, lo habría adorado. Es seguro que una aparición pública ante su pueblo, al que había venido a redimir, habría sido más eficaz que veinte siglos de evangelización.

¡Oh Jesús, qué oportunidad dejaste escapar! ¿Cómo no tuviste el valor de rebelarte contra Yahvé y mostrarte con tu cuerpo glorioso ante todo aquel pueblo al que pretendías salvar? Hubiera supuesto un éxito clamoroso que habría evitado los siguientes dos mil años de tragedias entre religiones; o sea, todo se habría acabado allí con un éxito absoluto en tu misión.

Sí. Pero de haber sido así, el Plan Divino habría fracasado.

La duda que me asalta es saber si actuó así en conciencia o fue por un acuerdo trinitario. Porque si su proceder fue por propia iniciativa, tendríamos que convenir en acusarlo de irresponsable por conducir al mundo a dos mil años de desastres religiosos.

Todo era necesario

Estas son las etapas fundamentales del Proyecto presentadas hasta ahora, incluidas en las seis primeras Fases: El bien y el mal – El Cielo y el Infierno – Los ángeles – Los demonios – El alma – La Humanidad – El Pecado Original – La Fe – La Ley – María – La Encarnación - La Redención.

Ahora bien, si por el poder divino se pudiera eliminar cualquiera de ellas, las demás dejarían de tener sentido. Por ejemplo, si elimináramos el bien y el mal, las demás desaparecerían por inútiles; por eso el bien y el mal componen un pilar que sustenta a las demás. Ahí Yahvé demostró su Inteligencia Suprema diseñando una base tan sólida.

Y si se avanza por las siguientes etapas se encuentra otra que es crucial. Me refiero a Satanás y sus esbirros. Aquí Yahvé mostró su poderosa sagacidad, pues incorporó en su Proyecto a los demonios en la seguridad de que serían imprescindibles para el desarrollo de las siguientes etapas. Si el pilar de los demonios se cae, también se cae el pilar del Pecado Original y, en consecuencia, ya no pueden sostenerse otros pilares, como la Redención y sus afines.

Así es, sin demonios no hay Redención; por lo que es justo reconocer que a ningún humano se le hubiera ocurrido semejante prodigio de diseño: Crear a nuestro mayor enemigo para que nuestros planes discurran por los senderos preconcebidos.

Con razón dicen, quienes han profundizado en el estudio de la Palabra, que Yahvé es inextricable. Por ejemplo, mi mente no llega a comprender que siendo infinitamente justo y amantísimo humillara a su Hijo, inocente y santísimo, obligándole a sacrificarse por el bien del Proyecto Divino.

¿Acaso el comportamiento que tuvo con el Hijo es el que recibirán quienes alcancen la ansiada Morada de Yahvé?

Aquel fue un sacrificio inútil e innecesario. Inútil porque todo sigue igual o peor, e innecesario porque, siendo omnipotente y omnisciente, podía haberlo ideado de otra manera más eficaz y eficiente y, sobre todo, mucho menos vejatorio.

La verdad

JUAN 8,32. Conoceréis la verdad y la verdad os hará libres.

JUAN 13,33. Hijos míos, ya no estaré mucho tiempo con vosotros. Me buscaréis, pero yo os digo ahora lo mismo que dije a los judíos: A donde yo voy, vosotros no podéis venir.

¿Por qué no podían ir a donde iba él? Las razones no se exponen, por lo que es posible especular con esta verdad.

- ¿Sería porque no eran lo suficientemente santos? No creo que fuera esa la razón, porque, tiempo después, la Iglesia <Verdadera> los santificó sin conocerlos a fondo.

- ¿Sería porque a donde él iba no se podía entrar sin un cuerpo glorioso? Tampoco lo creo, pues eso iría en contradicción con la Revelación, que nos certifica que Enoc y Elías se fueron con Yahvé sin haber pasado previamente por el trance de la muerte.

- ¿Sería, tal vez, porque le convenía esconderse en un lugar apartado con el fin de que ni sus discípulos pudieran conocer, y así evitar delaciones que pusieran nuevamente en peligro su vida?

La Trama

Para quienes encuentren algo raro lo que estoy contando sobre el Proyecto Divino, voy a hacer un inciso para contar esta otra versión sobre lo sucedido, que podría justificar el por qué de tanta insensatez por parte del Hijo encarnado.

Él era consciente de que cualquier día sería apresado y condenado a muerte por la autoridad romana, pues ya había recibido amenazas al respecto; además, sus amigos le habrían informado que su situación estaba sobrepasando el límite permitido por el Imperio.

Ante ese estado de cosas, Jesús se reunió con sus más fieles seguidores para diseñar la trama que le permitiera escapar con vida. Para ello contaba con José de Arimatea y Judas Iscariote y, quizás, alguno más, como Nicodemo. No podían ser muchos a fin de asegurar el plan, no solo porque pudieran irse de la lengua accidentalmente, sino porque, en caso de ser detenidos, podrían confesar y hacer fracasar la trama.

Jesús debería entregarse en el momento propicio. Sabían, de una parte, que sería condenado a morir crucificado por el delito de sedición contra el estado; de otra parte, que al atardecer del Viernes no podía quedar ningún crucificado con vida. Por tanto, Jesús debía ser crucificado el mismo viernes; así que el momento idóneo para ser apresado sería al tardecer del jueves.

Esto explica que Jesús no escapara ante la amenaza inminente y que requiriera diligencia a Judas para que cumpliera su cometido en el plan: La delación pactada.

Lo que sucedió después ya ha sido descrito.

Penúltima Fase: LA SECTA

Desaparecido Jesús, sus correligionarios huyeron al desierto, a un lugar conocido como Damasco, y Pablo fue comisionado para acosarlos y apresarlos, ya que eran considerados integrantes de una secta contraria a la autoridad legal ¿Verdad que es paradójico que la religión fundada por el Hijo fuera considerada enemiga por los hijos del pueblo elegido por Yahvé, dios padre y señor nuestro?

Las sectas judaicas

Es palpable que Yahvé fue incompetente para evitar que del interior de la religión emanada de él, el judaísmo, surgieran las sectas, lo cual evidencia que la Palabra carecía de la facultad de ser comprendida de una única e indiscutible forma. Si la Revelación tenía como objetivo aunar a toda la humanidad en pos de la Verdad, es obvio que fracasó. Cada secta adoptaba interpretaciones distintas de la Torah y de las Escrituras; pero lo peor fueron los acosos que se dieron entre todas ellas, cosa que debería avergonzar al instigador de este barullo por no haber sabido predecirlo. Pero, reconozco que esta podría ser solo una deducción de mi mente humana, que posiblemente no tenga la visión de futuro que tuvo la Trinidad cuando ideó todo este lío.

Ahora bien, por un lado, considero que ha de ser tenido por hereje quien no crea que Dios habría revelado su Palabra de forma tan clara y contundente que hubiera hecho imposible la existencia de cualquier disidencia, ya que el mundo entero habría apostado al unísono por la única Verdad. Por otro lado, la única explicación que encuentro a la actitud de Yahvé es que, gracias a su omnisciencia, lo había previsto todo para que su Proyecto resultara tal como se ha desarrollado hasta ahora, con multitud de sectas, herejías, doctrinas y religiones, todas enemigas entre sí. Es posible que esto fuese lo que él pretendía, y lo consiguió con su inteligente proceder, porque decir lo contrario sería poner en duda su capacidad.

A continuación, haré una recopilación de las características destacadas de las sectas judías más conocidas.

Zelotes

LUCAS 6,15 ...Mateo, Tomás, Santiago, hijo de Alfeo; Simón, al que llamaban el zelote,

HECHOS 1,13. Cuando llegaron a la ciudad, subieron a la sala donde solían reunirse. Eran Pedro, Juan, Santiago, Andrés, Felipe y Tomás, Bartolomé, Mateo, Santiago, hijo de Alfeo, Simón el Zelote y Judas, hijo de Santiago.

HECHOS 5,37. Más tarde, en los días del censo, se levantó Judas, el de Galilea, y logró que algunos lo siguieran; pero también lo mataron, y todos sus seguidores se dispersaron.

Los zelotes eran un grupo ultra-nacionalista-independentista organizado por Judas de Gamala, alias el Galileo, que falleció en una revuelta contra Roma, aunque sus hijos continuaron, años después, con la lucha contra el Imperio invasor. Por cierto, más de un autor contemporáneo ha emparentado a este Judas histórico, apodado el Galileo, con el Jesús auténtico, también apodado el Galileo, afirmando que aquel Judas fue el verdadero padre de Jesús. Como ya dije en mi libro -Hombre o Dios-, se basan en algunas coincidencias en la vida de ambos Galileos y en la coincidencia de las fechas. Otras similitudes aportadas: Jesús siempre hablaba de los deseos de su padre, era crítico con las clases sociales simpatizantes con los invasores romanos, anhelaba la llegada de un nuevo Jerusalén liberado, y contaba entre sus adeptos destacados con zelotes, cananeos y sicarios.

Muchas de las ideas de esta secta comulgaban con la de los fariseos, aunque frecuentemente se enfrentaban a ellos y a los saduceos. Su amor a ultranza por la libertad tenía su base en la creencia de que Yahvé era el único amo y señor, por eso negaban cualquier señorío humano.

Un aspecto a tener en cuenta, referente a su filosofía de vida, es la asunción de cualquier tipo de muerte, por violenta o humillante que fuera, incluso, infligir duros castigos a sus familiares. Dentro de este grupo estaban adscritos los sicarios, diestros en el manejo de la sica o puñal, y esta circunstancia entronca directamente con el Nuevo Testamento, donde se afirma que Jesús contaba entre sus más fieles camaradas con un tal Judas Iscariote –el sicario-, el que, según cuentan, lo traicionó, y otro llamado Simón el Zelote; además, se asegura que Jesús conminó a sus leales a comprar espadas y que algunos de ellos ya iban armados. No portaban el estandarte de la paz.

Fariseos

Eran de clase popular, generalmente pequeños comerciantes, y formaban salgo así como un partido del pueblo. No obstante, eran considerados maestros de la Ley. De la lectura del Nuevo Testamento se vislumbra que los conceptos éticos y sociales de los fariseos fueron adaptados por los primeros cristianos, hasta el punto de que la ideología de estos era similar a la de aquellos. Lo cual es lógico porque Pablo pertenecía a esta secta, al igual que su maestro Gamaliel. No obstante, las exigencias respecto de la Ley eran menos rigurosas en aquel cristianismo primitivo.

Son llamativas las concordancias religiosas del fariseísmo de Pablo con las de los cristianos; por ejemplo, creían en la resurrección y en la inmortalidad del alma, asumían la próxima llegada del Mesías redentor y admitían la existencia de los ángeles y de los demonios, incluso, guardaban escrupulosamente el sábado y la circuncisión. Con el transcurrir de los años, estos dos últimos preceptos fueron modificados por la Iglesia Verdadera en su propio interés.

Esenios

Formaban comunidades aisladas residentes en aldeas alejadas, generalmente en el desierto, sin mujeres, por tanto, sin relaciones sexuales y, consecuentemente, sin hijos. Su modo de vida consistía en compartir todo; vivienda, vestidos y alimentos formaban un depósito común. Se cubrían siempre con vestiduras blancas, a lo cual contribuía su interés por la limpieza y los baños rituales. Solían formar grupos de diez, dirigidos por un sacerdote asesor que era el encargado de bendecir la comida y el vino. No eran partidarios de la oración en el Templo, aunque practicaban el judaísmo y seguían sus leyes. Creían que la interpretación correcta de la Ley le había sido revelada al Maestro de Justicia. Hay investigaciones que indican que, finalmente, se aislaron, refugiándose en las cuevas de Qumran, lugar al que denominaron Damasco.

Hubo un tiempo en que tuvieron una relación estrecha con los zelotes. También, hay numerosas teorías que relacionan a Jesús y a los primitivos cristianos con esta secta, aunque no hay evidencias concretas y definitivas.

Saduceos

Pertenecían a familias de la alta sociedad o sacerdotales y, por tanto, ricas, poderosas e influyentes. Eran muy conservadores respecto a la observancia de la Ley revelada en el Pentateuco: Negaban la resurrección, la inmortalidad del alma y la vida después de la muerte, en consecuencia creían que Yahvé se limitaba a otorgar recompensas terrenales y materiales. Así, al ser ricos, se consideraban debidamente gratificados con la bendición divina.

Nazarenos

Nazareno parece derivar de la palabra hebrea Notzrim, que tiene su raíz en netzer, que significa vara o rama.

ISAÍAS 11,1. Una vara saldrá del tronco de Jesé, un brote surgirá de sus raíces.

Aquí Isaías, al citar la vara, se estaba refiriendo al ansiado Mesías, de ahí que a Jesús se le denominara Nazareno. También, gracias a Hechos, se sabe que los nazarenos tuvieron numerosos conflictos con otras sectas judías.

Creían en la llegada del Mesías, por lo que no tuvieron inconveniente en reconocer que Jesús era ese Cristo prometido. Creían, también, en la resurrección, en la existencia de los demonios y de Satanás, en los ángeles y en todo lo sobrenatural.

MARCOS 16,6. A Jesús buscáis, al Nazareno crucificado...

LUCAS 24,19. Les dijo: ¿Qué cosas? Y ellos le dijeron: Lo de Jesús el Nazareno, que fue varón profeta, poderoso en obra y palabra delante de Yahvé...

Eran fieles a las Escrituras y a la Torah. Oraban en el Templo y seguían las tradiciones del judaísmo, aunque no aceptaban todas. Una peculiaridad de esta secta eran sus juramentos, que incluían sacrificios incruentos. Tras la muerte de Jesús, Santiago, su hermano, fue aceptado como el nuevo líder de la secta.

HECHOS 24,5. Hemos comprobado que este hombre (Pablo) es una verdadera peste: él suscita disturbios entre todos los judíos del mundo y es uno de los dirigentes de la secta de los nazarenos.

JUAN 19,19. Pilato redactó también una inscripción y la puso sobre la cruz. Lo escrito era: Jesús el Nazareno, Rey de los judíos.

Estas son otras evidencias. En Hechos, Lucas, amigo de Pablo, afirmó que éste era reconocido como dirigente de la secta de los nazarenos. Este versículo es suficientemente explícito como para desmontar el intento de asociar el apelativo de Nazareno con el topónimo de Nazaret, además, se ha de tener en cuenta que Lucas era algo así como la mano derecha de Pablo. La secta de los nazarenos sería nombrada, más tarde, como secta de los cristianos.

Mucho tiempo después, el autor del evangelio de Juan certificó que Pilato había reconocido a Jesús como integrante de esa secta. Y teniendo en cuenta que en el patíbulo de cada ajusticiado se colocaba un cartel con el motivo de la condena, resulta lógico deducir lo siguiente: Jesús pertenecía a la secta de los nazarenos, se reconocía como rey de los judíos y ansiaba serlo, por lo que, muy probablemente, sería el cabecilla de aquellos sectarios. Es decir, el Imperio crucificó a Jesús por estos dos graves delitos: Ser revolucionario nazareno y atentar contra el poder establecido al autoproclamarse rey. Después, Pablo, como seguidor de la doctrina de Jesús, también sería considerado un activista nazareno.

Y para corroborar lo anterior, aquí están las palabras de Jerónimo de Estridón (San Jerónimo, uno de los cuatro grandes Padres Latinos de la Iglesia Verdadera. Siglos IV-V):

Estos nazarenos eran extremadamente celosos de la ley de Moisés, no diferenciándose en nada de los demás grupos judíos fariseos habidos en Israel, excepto porque tenían como maestro a Jesús.

Conclusiones

No entiendo el temor de la Iglesia Verdadera a que se relacione a Jesús con la secta de los nazarenos, ya que la propia Revelación abunda en esta tesis. Por lo tanto, me parece una malicia infantil asegurar que Nazareno es el topónimo de Nazaret. Peor hubiera sido que perteneciera a la secta de los zelotes, con los que seguramente tenía relación gracias a sus apóstoles Judas y Simón. Pero, por su comportamiento y sus palabras, también podría haber estado integrado en los esenios, aunque de manera peculiar.

Respecto a esta última posibilidad, me surge la sospecha referida a que si en las manipulaciones que se hicieron en los libros, sobre todo durante los primeros siglos de su existencia, uno de los fines de la Iglesia <Verdadera> era colocar pistas falsas para desvirtuar las pruebas de la asociación de Jesús con una u otra de aquellas sectas y ello, claro está, en un vano intento de mantener incólume la figura del Maestro.

El Cristianismo primitivo parece ser una mixtura de varias de aquellas sectas. Por supuesto que tiene cosas de los nazarenos, pero también guarda relación con los zelotes, esenios y fariseos. Con el paso de los años, parece que fueron imponiéndose las tesis farisaicas de Pablo, el ideólogo, hasta que, finalmente y como Yahvé ya había previsto, en el siglo cuarto, el Cristianismo prevaleció refrendado por el poder político.

Captación de adeptos

Uno de los incentivos más gratificantes que ofrece el Cristianismo es que da muchísimo a cambio de muy poco. Lo sorprendente es que no haya muchos miles de millones más de fieles y conversos, ya que basta con cumplir los mandamientos de la Iglesia Verdadera, que, la verdad se dicha, no son nada difíciles para cualquier persona medio decente, para tener asegurada la resurrección y la vida eterna inmensamente feliz. Creo que este canje no debería admitir titubeos ni dilaciones.

Pero es más, resulta que se puede ser, durante toda la vida terrenal, el mayor sinvergüenza y depravado y, sin embargo, al final conseguir ese paraíso eterno. No hay más que arrepentirse en el último instante y -¡eureka!- la salvación conseguida, igual que si se hubiera sido una santa criatura. Bueno, es cierto que previamente se tendrá que pasar unos pocos años quemándose algo pero sin llegar a arder; aún así, merece la pena. Además, si se tiene la suerte de dejar familiares en el valle de lágrimas con el dinero suficiente para que vayan pagando misas de rescate, la pena se puede reducir considerablemente. Todas esas ventajas han sido siempre un acicate en la captación de los ricos.

Lo anterior puede valer para la mayoría, pero, también, incluso para las minorías más deprimidas, en todos los sentidos, pues es un consuelo saber a ciencia cierta que, tras la afortunada muerte, resucitarán en las mismas condiciones que los potentados que las hicieron sufrir. Será algo muy parecido al comunismo perfecto.

Como decía, no hay justificación para que no haya colas interminables a las puertas del Vaticano para apuntarse a esta religión tan altruista. Resulta, pues, palpable la eficacia del Plan de Yahvé al diseñar todo tal cual está sucediendo.

Los placeres de la Gloria prometida

Han prometido, basándose en la hipótesis de un dogma de fe, que en la Gloria los cuerpos gloriosos resucitados serán infinitamente felices. Entre otras maravillas, como será el contemplar la visión de Yahvé, una de las ventajas más gratificantes será el hecho constatado de que no se dará golpe, será el paraíso ideal. Aunque no nos han aclarado todavía cómo se organizará la holgazanería de los salvados.

Asimismo, está comprobado, nada menos que por las palabras puestas en boca de Jesús resucitado, que allá arriba, o donde sea, los cuerpos gloriosos necesitan ingerir alimentos. Aquí es interesante recordar las comilonas de los ángeles, incluso del propio Yahvé, en los hogares de Abraham y de su cuñado Lot.

En este punto he de aclarar que, tras leer y releer libros santos, he llegado a la conclusión de que la vida placentera de los justos salvados se desarrollará aquí, en el planeta Tierra regenerado; eso sí, al parecer, para entonces ya estará libre de todos los peligros que ahora nos acechan; y es lógico que deba ser así, pues ya fue revelado que aquella Gloria de Yahvé tenía una superficie muy limitada, por lo que no cabrán todos. Pues bien, habría que tener muy mala condición para no suponer que las recetas de los guisos celestiales se actualicen con el paso de los siglos, por eso es razonable creer que los ángeles cocineros servirán exquisitos manjares cocinados con las técnicas más modernas de la nueva cocina.

Mas, todas esas maravillas serán superadas por otras más reconfortantes y que los sabios de la Iglesia Verdadera han certificado tras concienzudas verificaciones, eso cuentan.

Así el señor Quinto Septimio Florente Tertuliano, un converso conocido como el pío Tertuliano y reconocido teólogo, decía que el justo "recibía una alegría especial al contemplar a los condenados reblandecidos y macerados por el fuego", y lo remata con esta reconfortante exclamación: "¡Qué espléndido espectáculo se ofrecerá allí, que suscitará mi asombro y provocará mis risas!"

Esta fuente de placer celestial fue confirmada por el Obispo Cipriano, santo para más señas -o sea, que sabía lo que decía-, cuando prometía la visión de los tormentos del infierno como un premio más concedido a los residentes en la Morada de Yahvé.

Muchos siglos después, los cristianos recibieron la confirmación definitiva de la existencia de esos placeres morbosos celestiales. Otro santo, Tomás de Aquino, Doctor Angélico, con un currículo cristiano impresionante, nada menos que en su Summa Teológica escribió:

Para que la beatitud agrade más a los santos y se muestren más agradecidos a Dios, les será dado contemplar, con una perfecta visión, los tormentos de los condenados...

¡Cristianismo en esencia pura!

Ante este panorama deleitoso, no debería extrañar la facilidad con la que la Iglesia Verdadera ha estado captando a sus fieles.

Nadie es profeta en su tierra

Si a un extraterrestre, desconocedor de lo sucedido en este planeta, se le preguntara: ¿Cree usted que el Hijo encarnado obtendría un éxito absoluto allá donde predicara? Respondería que es indubitable que el Hijo siempre obtiene el cien por cien de éxito en todo lo que se propone.

No obstante, esa respuesta tan obvia, se ha de tener en cuenta aquello de que "nadie es profeta en su tierra". Y aunque el Hijo era oriundo del Cielo, sé, porque así me lo han contado, que nació y vivió por tierras de Israel, por eso el Cristianismo no pudo enraizar donde se gestó, incluso es odiado a muerte por muchas de aquellas tierras.

¿Por qué sucedió así? ¿Por qué el Hijo no obtuvo en su tierra el éxito que de él se esperaría? Si se analiza con detenimiento se concluye en la única respuesta posible: Porque todo fue ideado así por la Santa Trinidad.

Y dijo Yahvé: El Hijo bajará a la Tierra para redimir a la humanidad, pero lo hará ejerciendo solo una ínfima parte de sus atributos, porque si hiciera uso de todos sus poderes nuestro Plan se iría al garete.

Y diseñaron que el Hijo tuviera poco éxito en su misión.

Y les pareció bien.

La oportunidad perdida

Habrá gente malintencionada que pensará que el Hijo encarnado, infinitamente culto y versado en el arte de la escritura, debería haber dejado constancia de puño y letra sobre su paso por este mundo. Y es posible, incluso, que se les ocurra la peregrina idea de que el Hijo podría haber aclarado, de una vez por todas, las incógnitas de la Revelación.

En efecto, si el Hijo hubiera obrado con esa lógica humana, hace dos mil años que la humanidad tendría absolutamente revelada la Revelación; así, nos habríamos ahorrado cismas, sectas, herejías, persecuciones, ejecuciones, guerras santas, inquisiciones y demás disparates cometidos desde entonces. Y me pregunto: ¿Por qué el Hijo no quiso evitar todos esos desafueros otorgándonos la solución definitiva? Quizá porque, de haber obrado como la razón indica, habría supuesto la inutilidad de los exegetas, teólogos y sacerdotes en general, todos ellos dotados de una sabiduría muy necesaria desde hace dos mil años para intentar desenredar el lío.

Como las Tres-Personas-en-Una no consideraron conveniente que el Hijo escribiera, necesitaron adjudicar ese papel a alguien, y Pablo fue uno de los elegidos. Y diseñaron a Pablo y obraron con cordura infinita. ¿Se imaginan que el Hijo hubiera dejado todo perfectamente desenmarañado hace dos mil años? El desarrollo del Proyecto se habría venido abajo, pues, si todo hubiera sido aclarado, si todo hubiese sido revelado de forma comprensible, todos estarían con el Hijo, todos serían santificados, ¡y se acabó! ¡Qué decepción, qué poca emoción! No habría guerras en nombre de Yahvé, no habría papas ni obispos, todo el mundo sería bueno... y no sería necesaria la Iglesia Verdadera.

Pero, ese no podía ser el camino, era demasiado sencillo, había que complicarlo en demasía. Por eso, la Trinidad ideó, diseñó y proyectó todo tal como se está desarrollando.

El turco

Saulo, aquel turco nacido en Tarso (Asia Menor), de religión judía, y por lo tanto felizmente circuncidado, pero con ciudadanía romana, fue el elegido por la Trinidad en el principio de los tiempos para que, allá por el año 36, plasmara la exitosa idea de dar a conocer a la posteridad las creencias de una doctrina que, según los autores, emanó de Jesús.

Ahora bien, el Proyecto Divino ya contemplaba la necesidad de que aquellos ideales se apartaran sustancialmente del judaísmo de Jesús, y así, con ese inteligente obrar, Yahvé conseguiría que su Plan transcurriera por las fases previstas hasta su objetivo final. Sin embargo, para que esa idea fuese exitosa, era necesario, primeramente, adaptarla a la cultura y costumbres de otros pueblos ajenos al pueblo elegido, aunque fundamentada en la filosofía griega que Pablo conocía bien; de esta manera, cada país visitado sería receptivo a la nueva secta.

Como primera y fundamental medida, trazó el bosquejo del personaje principal de su obra, Jesús. Pablo, tenía que acomodar la idea del Hijo encarnado a la de su personaje. Y gracias a esta artimaña hoy podemos hacernos una idea aproximada de lo que bullía en la cabeza de Pablo, o Saulo, y que personificó en Jesús, al que pretendió asimilar con las andanzas que el Hijo, según su parecer, debería haber tenido en la Tierra.

HECHOS 7,58. Le echaron fuera de la ciudad y empezaron a apedrearle (a Esteban). Los testigos pusieron sus vestidos a los pies de un joven llamado Saulo.

HECHOS 8,1. Saulo aprobaba su muerte. Aquel día se desató una gran persecución contra la Iglesia de Jerusalén. Todos, a excepción de los apóstoles, se dispersaron por las regiones de Judea y Samaria. Unos hombres piadosos sepultaron a Esteban e hicieron gran duelo por él. Entretanto Saulo hacía estragos en la Iglesia; entraba por las casas, se llevaba por la fuerza hombres y mujeres, y los metía en la cárcel.

En estos versículos, Lucas se permitió, posiblemente a propósito, contar una verdad a medias. Ya que no es creíble que el estado romano emprendiera una campaña de persecución contra la Iglesia de Jerusalén, pues es sabido que la libertad de culto era habitual en el imperio; allí estaba el Templo de Yahvé, allí estaba el Sanedrín, allí estaban los sacerdotes seguidores a ultranza de la Ley. Por eso, lo más probable es que la campaña romana fuera contra las numerosas sectas judías, acérrimas cumplidoras de la Ley pero que, además, predicaban la liberación de Israel a cualquier precio. Esenios, sicarios, ebionitas, nazarenos y zelotes fueron los grupos más numerosos de judíos descontentos con el yugo romano, y ya se ha dicho que al personaje Jesús, el nazareno, le adjudicaron zelotes y sicarios como discípulos principales.

HECHOS 22,3. Yo soy judío, nacido en Tarso de Cilicia, pero educado en esta ciudad, instruido a los pies de Gamaliel en la exacta observancia de la Ley de nuestros padres; estaba lleno de celo por Yahvé, como lo estáis todos vosotros el día de hoy. Yo perseguí a muerte a este Camino, encadenando y arrojando a la cárcel a hombres y mujeres...

Tras la aparente muerte del Hijo encarnado, los apóstoles y discípulos en general se retiraron o, mejor dicho, unos se ocultaron y otros se desentendieron para siempre de la misión, pues quedaron desencantados debido al nulo éxito de aquel Mesías en su misión de redimir a Israel del invasor romano. Algunos trataron de continuar el adoctrinamiento de su líder, pero fueron perseguidos por sus ideas revolucionarias. A la sazón, Pablo de Tarso era el inquisidor encargado de acosarlos hasta sus escondrijos; de hecho participó activamente en la sentencia a muerte del pro-mártir Esteban, que debió suceder entre los años 34 y 35, cuando Pablo era todavía un joven de unos treinta años.

Él, que era un enconado perseguidor de los seguidores de esa secta herética escindida del Judaísmo, camino de una nueva batida en busca de aquellos sectarios, se detuvo en casa de su antiguo maestro Gamaliel, un hombre instruido en el Antiguo Testamento, muy piadoso y amante de la paz, eso cuentan. Conociendo el anciano maestro las andanzas de su discípulo, debió reprocharle su actitud acosadora contra aquellos hombres seguidores de un tal Jesús y cumplidores de la Ley, y tal debió ser el impacto moral de los argumentos que esgrimió Gamaliel, que Pablo tuvo una alucinación o, tal vez, un arrebato depresivo-obsesivo motivado por el remordimiento que le causaron las numerosas ejecuciones de los escindidos de la religión oficial. Se ha de tener en cuenta que ambos, maestro y discípulo, pertenecían a la secta de los fariseos y, por tanto, muy dados al fatalismo; como dije, también creían en la resurrección y en la vida futura, ideas que serían trascendentales para el buen desarrollo del Proyecto.

HECHOS 28,20. Por este motivo os llamé para veros y hablaros, pues precisamente por la esperanza de Israel llevo yo estas cadenas.

Ellos le respondieron: Nosotros no hemos recibido de Judea ninguna carta que nos hable de ti, ni ninguno de los hermanos llegados aquí nos ha referido o hablado nada malo de ti. Pero deseamos oír de ti mismo lo que piensas, pues lo que de esa secta sabemos es que en todas partes se la contradice.

Cuando a la mañana siguiente emprendió camino, dicen que con destino hacia Damasco, para cumplir con su cometido, tuvo la visión de algo parecido a un parhelio que lo obnubiló en tal forma que creyó ser elegido por Jesús. ¿Damasco? ¿Acaso se refería a la capital Siria que dista de Jerusalén unos 250 kilómetros? Es muy improbable que Pablo se desplazara hasta allí para apresar a los seguidores de Jesús, y ello por varios motivos. Primero, por la enorme distancia. Segundo, porque Siria estaba fuera de la jurisdicción de los sacerdotes del Templo de Jerusalén (Hechos 26,9). Tercero, porque no hay versículo alguno en que se diga que los apóstoles, tras la desaparición de Jesús, se retiraran a Damasco, en Siria. Pero en los evangelios hay materia para todos los gustos, algunos llegaron a contar que Jesús citó a los suyos en Galilea, que está a mitad del camino a la capital Siria.

MATEO 28,10. Entonces Jesús les dijo: No temáis, id, avisad a los hermanos míos que vayan a Galilea, allí me verán.

MATEO 28,16. Los once discípulos fueron, pues, a Galilea, al monte donde les había ordenado Jesús...

MARCOS 16,7. Pero id a decir a los discípulos de Él y a Pedro: Va delante de vosotros a Galilea; allí lo veréis.

Aunque otros afirmaron que los vio en Jerusalén y que los sacó fuera, seguramente en la falda oriental del Monte de Olivos, desde donde se contempla, a pocos kilómetros, la aldea de Betania.

LUCAS 24,33. Y levantándose en aquella misma hora, se volvieron a Jerusalén y encontraron reunidos a los Once y los demás... Aún estaban hablando de esto cuando Él mismo se puso en medio de ellos... Y los sacó fuera, hasta frente a Betania...

Y esta zona sí se encuentra próxima al Mar Muerto, precisamente a poca distancia de las cuevas de Qumram, donde se encontraron esos rollos en los que se aclaran muchas cosas respecto a las vicisitudes de una secta escindida del judaísmo, lo cual sí haría creíble una persecución por parte de los sacerdotes del Templo de Jerusalén.

Tras aquella alucinada conversación virtual con la divinidad, Pablo se llegó a los seguidores de Jesús con intenciones pacíficas, y con ellos convivió varios días (dicen que unos tres años) durante los cuales se empapó de las ideas de aquella secta. Pero en su cabeza bullían otros planes más arriesgados.

HECHOS 26,9. Yo, pues, me había creído obligado a combatir con todos los medios el nombre de Jesús, el Nazareno. Así lo hice en Jerusalén y, con poderes recibidos de los sumos sacerdotes, yo mismo encerré a muchos santos en las cárceles; y cuando se les condenaba a muerte, yo contribuía con mi voto. Frecuentemente recorría todas las sinagogas y a fuerza de castigos les obligaba a blasfemar y, rebosando furor contra ellos, los perseguía hasta en las ciudades extranjeras. En este empeño iba hacia Damasco con plenos poderes y comisión de los sumos sacerdotes; y al medio día, yendo de camino vi, oh rey, una luz venida del cielo, más resplandeciente que el sol, que me envolvió a mí y a mis compañeros en su resplandor.

La irrupción de Lucas en el Nuevo Testamento tenía como objetivo primordial intentar encumbrar a Pablo por encima de cualquier apóstol y, visto lo sucedido, lo consiguió; incluso, se hizo tan fundamental como su propio personaje Jesús. Lucas repitió hasta tres veces el suceso extraordinario para que no hubiera lugar a dudas: Pablo recibió una comunicación directa y exclusiva con Yahvé, o puede que fuera con el Hijo, sentado definitivamente a la derecha del Padre. Así que, igual que sucedió con Moisés, el Cristianismo incipiente ya tenía al nuevo detentador exclusivo del oráculo divino.

HECHOS 9,1. Entretanto Saulo, respirando todavía amenazas y muertes contra los discípulos del Señor, se presentó al Sumo Sacerdote, y le pidió cartas para las sinagogas de Damasco, para que si encontraba algunos seguidores del Camino, hombres o mujeres, los pudiera llevar atados a Jerusalén. Sucedió que, yendo de camino, cuando estaba cerca de Damasco, de repente le rodeó una luz venida del cielo, cayó en tierra y oyó una voz que le decía: Saúl, Saúl, ¿por qué me persigues? Levántate, entra en la ciudad y se te dirá lo que debes hacer. Los hombres que iban con él se habían detenido mudos de espanto; oían la voz, pero no veían a nadie.

HECHOS 22,7. Caí al suelo y oí una voz que me decía: Saúl, Saúl, ¿por qué me persigues? Yo respondí: ¿Quién eres, Señor? Y él a mí: Yo soy Jesús Nazareno, a quien tú persigues. Los que estaban vieron la luz, pero no oyeron la voz del que me hablaba.

¿Quiénes eran aquellos soldados testigos de tan asombroso prodigio? Nada se sabe de ellos, no hay nombres, no hay datos, no hay declaraciones de terceras personas... pero qué más da, para eso está la fe; lo dijo Lucas y hay que creérselo pese a que él mismo fue discordante en su narración: Una vez aseguró que los supuestos testigos oyeron la voz, mas nada vieron... y a la siguiente vez afirmó que, en realidad, no oyeron la voz, pero sí vieron la luz... y todo ello incluido en la Palabra inerrante de Yahvé contenida en el Libro Sagrado.

Pablo, quizás por propia experiencia, consideró que era más fácil atraer hacia sus nuevas ideas a los gentiles, o a los paganos en general, que a los judíos, pues estos ya disponían de una religión arraigada, consolidada y amparada por Yahvé, dios padre y señor nuestro. Eso puede evidenciarse por el hecho de que, habiendo comenzado su andadura evangelizadora por Siria y Arabia, fue perseguido por los judíos; sin embargo, cuando a continuación se trasladó a

Antioquia, consiguió numerosos adeptos para su causa. La nueva religión tuvo que asentarse fuera de la patria del personaje Jesús, en lugares muy apartados de allí, como la citada Antioquia y Alejandría, teniendo su máxima eclosión en Roma; lugares todos muy alejados del origen de los acontecimientos y donde nadie conocía, ni podía contrastar, las fantásticas historias que les contaban sobre otro Cristo. He de recordar que los propios evangelistas trataron de desprestigiar la historia que circulaba por los pueblos de Israel respecto a lo que verdaderamente sucedió en el sepulcro.

Además, la secta fundada por Pablo no podía tener a Yahvé por santo y seña, pues él ya estaba comprometido con el judaísmo, que anatematizaba a los escindidos cristianos. Así es que se vio obligado a modelar otra divinidad distinta y diferenciada pero unida férreamente a Yahvé, al que seguía considerando como verdadero y único dios, pues Pablo nunca dejó de creer en el Antiguo Testamento... Y moldeó a Jesús.

Precisamente esta divergencia entre el judaísmo enraizado en las mentes de los discípulos de Jesús y el reformismo de Pablo aparece reflejado en los manuscritos de Qumram. Una persona era el Jesús que los apóstoles dijeron conocer y otra, diferente, era el Jesús modelado por Pablo. Seguramente todo ello provocó discrepancias entre facciones dentro del cristianismo incipiente, asuntos que quedaron reflejados en esos rollos del Mar Muerto en forma de disputa entre Santiago, el hermano de Jesús, y Pablo.

Hasta entonces nada se había escrito todavía sobre la vida y obra del personaje Jesús, por lo que Pablo pudo disponer de una religión prácticamente virginal a la que había que llenar de contenido, cosa que podía hacer adaptándolo por entero a las necesidades de sus pensamientos. Y a ello se aplicó. Él estaba suficientemente ilustrado como para afrontar aquella tarea; pues, además de estar familiarizado con las culturas griega y romana, tenía conocimientos mercantiles, filosóficos y jurídicos, y hablaba, leía y escribía en latín, griego, hebreo y arameo; es decir, era la persona adecuada para llevar a cabo tal empresa y, además, convertirse en el líder indiscutible de aquellos primeros judíos metidos a apóstoles. Además, el hecho de ser un romano instruido le otorgaría una clara ventaja sobre el analfabetismo general de los pueblos a los que dirigiría sus pláticas. Por todas esas cualidades fue el elegido por la Trinidad para iniciar y llevar a buen puerto la fase definitiva del Proyecto.

A imagen y semejanza

Pablo sabía que para poder encumbrarse dentro de la secta de los nazarenos tenía que sufrir ciertas calamidades similares a las adjudicadas al personaje Jesús, por eso empezaron a sucederle casos parecidos a los que se habían contado que le ocurrieron al Mesías.

HECHOS 9,29. Hablaba también con los judíos de lengua griega y discutía con ellos, pero estos tramaban su muerte. Sus hermanos, al enterarse, lo condujeron a Cesarea y de allí lo enviaron a Tarso.

Pablo, pese a sus demostraciones portentosas, era víctima de un complot para matarle, pero se escapaba, aunque, por más que lo intentaba, no conseguía convencer a los judíos. Era justo lo que habían escrito respecto a lo sucedido con Jesús, y es evidente que Lucas fue el encargado de amoldar las andanzas de Pablo con lo ocurrido a Jesús.

HECHOS 13,2. Un día, mientras celebraban el culto del Señor y ayunaban, el Espíritu Santo les dijo: Reservadme a Saulo y a Bernabé para la obra a la cual los he llamado.

Toda esa verdad sobre la obra que Yahvé reservaba a Pablo está basada, única y exclusivamente, en las palabras de su amigo Lucas.

¿Por qué los evangelistas que precedieron a Pablo no pusieron en boca de Jesús ningún comentario referido a la inminente y fundamental puesta en escena del turco? De haber sido cierto todo lo que han contado, Jesús, gracias a la extraordinaria visión que le adjudicaron, debería haber advertido algo así: "Uno vendrá, llamado Saulo, que os superará a todos..." ¿Por qué ignoró Jesús al ideólogo del Cristianismo? Siendo sincero, he de decir que ese olvido solo se justifica si pienso que los evangelistas estaban convencidos de que aquella generación sería la última, tal como el propio Jesús profetizó en varias ocasiones y, por eso, ninguno tuvo interés alguno en referir cosas del futuro inmediato. Pero esta solución, aun siendo la más razonable a mi entender, se contradice con estos dos supuestos: Uno, que siendo el Hijo encarnado, debería haber sabido que a ese fin prometido le quedaban, al menos, dos mil años. Dos, que siendo parte de las Tres-Personas-en-Una, debería estar enterado de que Pablo era fundamental para el buen fin del Proyecto ideado y diseñado.

Lleno del celo de Yahvé

El propio Pablo lo reconoció: <Estaba lleno del celo de Dios>. Lo cual viene a significar que comulgaba con la doctrina de Yahvé, el dios judío.

HECHOS 2,46. Íntimamente unidos, frecuentaban a diario el Templo, partían el pan en sus casas, y comían juntos con alegría y sencillez de corazón;

HECHOS 3,1. En una ocasión, Pedro y Juan subían al Templo para la oración de la tarde.

Vuelvo a citar aquí a San Jerónimo, de Estridón, quien dijo que aquellos nuevos cristianos eran celosos en extremo de la Ley de Moisés, como no podía ser menos puesto que el ideólogo Pablo y consecuentemente su personaje Jesús tenían a

Yahvé como dios padre y señor nuestro... ¿También los católicos comulgan con el dios judío?

No obstante, en su afán de protagonismo, Pablo se fue apartando paulatinamente de la religión de sus padres, comenzando por desoír algunas de las Leyes, y esa labor fue continuada por la Iglesia Verdadera en sus inicios, hasta tal punto que se convirtió en enemiga acérrima de la religión practicada por Jesús y María, San José y todos los santos apóstoles. En fin, una aparente incongruencia, aunque perfectamente ideada por la Trinidad desde el principio de los tiempos.

La Buena Nueva

Si la de Pablo era la Buena Nueva, la de Moisés sería algo así como la Buena Antigua, aunque a muchos les gustaría calificarla como la Mala Obsoleta, porque, según dicen, ni es beneficiosa ni actual. Aquella doctrina impuesta por Yahvé castigaba sobre la marcha, ejecutaba las sentencias aquí en la tierra y sobre el cuerpo material. Hoy la situación ha cambiado, afortunadamente, pero, en aquellos tiempos, se sabe que Yahvé no esperaba a la otra vida, al más allá, al juicio del alma en la antesala del cielo, ni aplicaba las penas eternas del infierno. Tampoco contemplaba el arrepentimiento ni lo solicitaba, y no tenía en cuenta las posibles atenuantes; la justicia de Yahvé, dios padre y señor nuestro, era inmisericorde.

Pues bien, frente a ese umbrío panorama, las gentes se toparon con una Buena Nueva; es más, yo diría que para ellas era una Buenísima Nueva. Resulta que el Hijo, sentado a la derecha del Padre y de su misma naturaleza y, al igual que él, con plenos poderes, no era tan justiciero sino que perdonaba todos los pecados con un simple arrepentimiento, lo cual suponía que, en la otra vida llena de felicidad, los pobres y pecadores disfrutarían en las mismas condiciones que los ricos y beatos. ¡Quién no se apuntaría a ese gratificante cambio! Era la religión ideal de los desheredados, de los tullidos, de los pobres de solemnidad, de los esclavos...

Solo basta imaginar el estallido de júbilo que hubiera provocado entre aquellos judíos que contemplaban a los porteadores del arca de la alianza cuando ésta se les cayó y Yahvé, en vez de fulminarlos con su rayo mortífero, les hubiese solicitado un simple arrepentimiento. O si, cuando los "hijos" de Yahvé yacieron con las mujeres, en vez de ahogar a toda la humanidad en justa represalia, él les hubiera conminado a realizar un sencillo acto de contrición. ¡Qué diferente sería el Antiguo Testamento si Yahvé hubiera aplicado la Buena Nueva! Ya comenté sobre la patente psicopatía de la doble personalidad con la que quieren presentar a la Trinidad. Son tan diferentes los comportamientos de las Tres-Personas-en-Una que la única posibilidad de admitir lo que cuentan es asumiendo que todo es una falacia inventada por hombres con formas de pensar opuestas.

Pero es más, también para los terratenientes, para los déspotas y tiranos, para los defraudadores, estafadores, criminales y ladrones, para los adúlteros y violadores, para toda esa calaña era la religión perfecta. Todos ellos podían seguir cometiendo tropelías sin temor a las lapidaciones ordenadas por Yahvé y, además, si conseguían eludir un procesamiento por la justicia terrenal, solo tendrían que arrepentirse un momento antes de su muerte para tener asegurada, tarde o temprano, una placentera y eterna existencia en la otra vida. El desenlace final es verdaderamente sorprendente: Cualquiera puede dedicar su vida a impartir la injusticia más cruel, pues después, un instante antes de su último suspiro, cuando ya no hay tiempo para resarcir a los afectados por los desmanes ha cometido, no tiene más que arrepentirse para ser aceptado por el Hijo, que está a la derecha del Padre.

Además, como según decían los propios predicadores, el Hijo había prometido su inminente regreso para llevárselos a todos a su paraíso, la ocasión era pintiparada para los conversos de cualquier clase social.

Y si a lo anterior le añadimos que no se tendrían que circuncidar, que podrían comer cerdo y conejo, y beber vino, el éxito estaba asegurado. Únicamente tendrían la oposición de los recalcitrantes ortodoxos, que seguirían insistiendo en la necesidad de cumplir todos y cada uno de los preceptos de la Ley de Yahvé.

La mente de Pablo comenzó a maquinar. Él conocía perfectamente, gracias a su cultura, las leyendas de numerosos cristos y, casualmente, el pueblo judío esperaba ansioso la llegada de su propio cristo, el mesías prometido que los liberaría del yugo romano; y lo que le habían contado sobre un tal Jesús podía ser la base para confeccionar una nueva doctrina de la que él, Pablo, sería el líder. Y puso manos a la obra, concibiendo el guión ideal para ser creído. Lo primordial era buscar y rebuscar en los libros sagrados antiguos cualquier frase que pudiera tener cierta relación con un futuro redentor y que pudiera asimilarse con las andanzas de su personaje Jesús y, en cualquier caso, siempre se podría acomodar la vida y obras del personaje a las profecías del Libro.

Es probable que hubiera habido un individuo excéntrico con ideas revolucionarias y que, incluso, hiciera curaciones mediante imposiciones de manos o cualesquiera otras artes sanadoras. Esas cualidades pudieron ser muy apropiadas para Pablo a fin de completar su personaje. Cuando se escribió el primer evangelio habían transcurrido los años suficientes como para que ya hubieran muerto muchos de quienes hubieran tener algún conocimiento sobre las circunstancias que pudieron haberse desarrollado en tierras lejanas y olvidadas. Por lo tanto, sin testigos, no había ningún inconveniente en pergeñar una historia increíble para conformar al cristo ideal.

Creían en la reencarnación

MATEO 11,14. Y si queréis creerme, él es aquel Elías que debe volver.

MATEO 16,13. Al llegar a la región de Cesarea de Filipo, Jesús preguntó a sus discípulos: ¿Qué dice la gente sobre el Hijo del hombre? ¿Quién dicen que es? Ellos le respondieron: Unos dicen que es Juan el Bautista; otros Elías; y otros, Jeremías o alguno de los profetas.

MATEO 17,10. Entonces los discípulos le preguntaron: ¿Por qué dicen los escribas que primero debe venir Elías? Él respondió: Sí, Elías debe venir a poner en orden todas las cosas; pero les aseguro que Elías ya ha venido, y no lo han reconocido, sino que hicieron con él lo que quisieron. Y también harán padecer al Hijo del hombre. Los discípulos comprendieron entonces que Jesús se refería a Juan el Bautista.

Estos versículos de Mateo son una glosa a la reencarnación. No solamente los discípulos lo creían, también el propio Jesús se expresa abiertamente convencido de la reencarnación. Se ha de tener en cuenta que, aunque el Judaísmo no la admitía, sí estaba incluida en la Cábala. Además, dentro de aquel primer cristianismo surgió la corriente gnóstica que asumía la reencarnación en comunión con el pensamiento de la filosofía clásica.

Mateo escribió, con toda naturalidad, que existía la posibilidad de que Jesús fuese la reencarnación de algunos de los profetas, y él no los reprende por pensar como herejes admitiendo esa creencia ni les inculca otra, sino al contrario, les deja entrever que probablemente Elías se había reencarnado en Juan el Bautista. Respecto a esta última afirmación de Jesús, reconozco que me llevé una sorpresa la primera vez que la leí, ya que me parece un sin sentido que Yahvé exonerase de la muerte a Elías, elevándolo en cuerpo y alma, y luego lo devolviera a la tierra para ser decapitado.

Leyendo esas palabras puestas en boca de Jesús, me viene el recuerdo de Mario Moreno, Cantinflas, cuando leo a Mateo poniendo en boca del personaje Jesús esto tan gracioso: -Sí, Elías debe venir a poner en orden todas las cosas; pero les aseguro que Elías ya ha venido.- Estoy convencido de que el evangelista intentó amenizar con un toque humorístico una Palabra tan seria.

Judíos culpables

HECHOS 3,13. El Dios de Abraham, de Isaac y de Jacob, el Dios de nuestros padres, glorificó a su servidor Jesús, a quien ustedes entregaron, renegando de él delante de Pilato, cuando este había resuelto ponerlo en libertad.

Por un lado, la secta de los cristianos trataba de extenderse por todo el imperio de Roma, por lo tanto, no le convenía ponerse a malas con los romanos. Por otro lado, la secta era mal vista por los judíos, incluso era acosada por haber dejado de practicar parte de la Ley. Y esa situación abocó a cambiar radicalmente la realidad de lo sucedido. Hubo que exonerar al máximo a los romanos, en la figura de Pilato, y culpar al máximo a los judíos, que ahora eran los enemigos, y a esa labor se aplicó Lucas, el camarada de Pablo.

Por cierto, recientemente el Papa se ha visto obligado a reconocer que los judíos no fueron los artífices principales de la condena de Jesús, aunque, la Iglesia Verdadera, en la época nazi, parecía no desagradarle el holocausto judío.

Cometieron una infamia al hacer recaer sobre los judíos la muerte de Jesús, pero, aunque hubiera sido así, los creyentes deberían estar convencidos de que sucedió porque lo quiso Yahvé. La Trinidad ya lo había decidido en su plan, y contra su voluntad nada se pudo hacer. Por tanto, los judíos actuaron impelidos por el deseo insuperable de la Trinidad.

Aunque, es justo reconocer, que el proyecto ya contemplaba que muchos siglos después la propia Iglesia Verdadera, la que había auspiciado la infamia, comenzaría a reconocer que los principales culpables fueron lo romanos. No obstante, creo que jamás asumirá que el verdadero causante de sus propias desdichas fue Jesús, por autoproclamarse Rey de Israel y ser incapaz convencer a quienes le juzgaron demostrándoles su verdad.

La Trinidad ya lo ideó así. Con el fin de que la Iglesia <Verdadera> fuera más poderosa que el propio estado político era primordial no culpar a los romanos

Cambiaron la Ley

LUCAS 1,5. En tiempos de Herodes, rey de Judea, había un sacerdote llamado Zacarías, de la clase sacerdotal de Abías. Su mujer, llamada Isabel, era descendiente de Aarón. Ambos eran justos a los ojos de Yahvé y seguían en forma irreprochable todos los mandamientos y preceptos del Señor.

Zacarías e Isabel cumplían fielmente todo lo que ordenaba el A. T. y por eso Yahvé los consideraba justos; en consecuencia, quienes no cumplen con todo lo ordenado en el Ley han de ser considerados, lógicamente, injustos por dios judío. Siendo así, se ha aceptar que los cristianos no son considerados justos a los ojos del Yahvé, dios padre y señor nuestro, porque han eliminado, en sus mandamientos y preceptos, numerosas leyes dadas por él.

MATEO 19,6. Que el hombre no separe lo que Yahvé ha unido. Le replicaron: Entonces, ¿por qué Moisés prescribió entregar una declaración de divorcio cuando uno se separa? Él les dijo: Moisés les permitió divorciarse de su mujer, debido a la dureza de vuestros corazones, pero al principio no era sí.

La Religión emanada de Dios debería ser inamovible porque sería perfecta. Sin embargo, es fácil constatar en la Revelación que la doctrina de Yahvé era cambiante. En este versículo el personaje Jesús descubre los vaivenes de la Ley: En un principio, los esposos no se podían separar, después Moisés dijo que sí y, más tarde, Jesús vuelve a decir que no. Es decir, si se acepta como cierto que quien cumple con la Ley es recompensado con el Cielo, se habrá de aceptar que en ese Cielo habrá una mezcolanza entre matrimonios indisolubles y divorciados según el siglo en que murieron. Esto es un disparate que no se daría teniendo a Dios como legislador.

HECHOS 15,1. Algunas personas venidas de Judea enseñaban a los hermanos que si no se hacían circuncidar según el rito establecido por Moisés, no podían salvarse. A raíz de esto, se produjo una agitación: Pablo y Bernabé discutieron vivamente con ellos, y por fin, se decidió que ambos, junto con algunos otros, subieran a Jerusalén para tratar esta cuestión con los Apóstoles y los presbíteros... Cuando llegaron a Jerusalén, fueron bien recibidos por la Iglesia, por los Apóstoles y los presbíteros, y relataron todo lo que Yahvé había hecho con ellos. Pero se levantaron algunos miembros de la secta de los fariseos que habían abrazado la fe, y dijeron que era necesario circuncidar a los paganos convertidos y obligarlos a observar la Ley de Moisés.

HECHOS 15,28. El Espíritu Santo, y nosotros mismos, hemos decidido no imponerles ninguna carga más que las indispensables, a saber: que se abstengan de la carne inmolada a los ídolos, de la sangre, de la carne de animales muertos sin desangrar y de las uniones ilegales. Harán bien en cumplir todo esto. Adiós.

Esto es un disparate mayúsculo. Lucas, influenciado por Pablo, afirmó que la Tercera Persona contravino lo ordenado por la Primera Persona.

Adiós a la circuncisión, ese signo inequívoco de pertenecer al pueblo de Yahvé. Prefirieron la cantidad a la calidad. Con el fin de conseguir más adeptos, la nueva secta no tuvo inconveniente en anular parte de la Ley, y el colmo es que se les ocurre escribir que lo hicieron con el beneplácito del Espíritu.

¿Qué ocurría con los hombres del pueblo elegido de Yahvé que no se circuncidaban? Eran condenados

¿Qué les habría sucedido a los padres de Jesús si no lo hubieran circuncidado? Habrían sido lapidados hasta la muerte.

¿Qué les ocurre a los fieles incircuncisos de la secta de los cristianos, adoradores de Yahvé, dios, padre y señor nuestro? Que son elevados al Cielo por la gracia de la Iglesia Verdadera.

¿Es esta la justicia divina o es, simplemente, la injusticia humana? Se trata de la imposición de una doctrina muy interesada.

Adaptación a las creencias

Ya que los apóstoles que se adhirieron a la causa estaban predicando en lugares dispares, era necesario amoldarse al máximo a las ideas generales que cualquier gentil pudiera tener sobre la identidad de un dios terrenal. Por lo tanto, nada mejor que hacer una recopilación de los sucesos más sobresalientes relacionados con aquellos dioses más representativos e incorporarlos al advenimiento del nuevo cristo, aunque sin abandonar las raíces de su Judaísmo natal; de todo ello resultó una mixtura hábilmente macerada.

Para alcanzar el éxito final del Proyecto, la primera idea que había que inculcar era la divinidad de Jesús; además, Pablo conocía que un requisito fundamental de los dioses terrenales era su concepción divina y virginal. Los judíos ya sabían de la facultad divina de inseminar mujeres, cosa de la que había hecho gala Yahvé; es por eso que tal milagro no extrañaría a nadie, no obstante, el nacimiento del personaje Jesús había que aderezarlo con otras circunstancias apropiadas para que resultara un cristo creíble.

Como ya cité en algún libro anterior, creo que a nadie, salvo a ciertas mentes retorcidas, se le puede ocurrir pensar que María fuera contando por ahí sus historias de alcoba. Lo sucedido en la intimidad de aquellas jovencitas judías estaba absolutamente vedado a extraños. No obstante, se atreven a jurar, por supuesto sin haber sido testigos presentes en tan raro acontecimiento, que hubo una concepción virginal cuyo parte activa fue el Espíritu de Yahvé que, además, es santo. Estoy convencido de que un relato así hoy sería muy poco creíble, pero en aquellos tiempos no causaba un excesivo asombro entre los encandilados oyentes paganos, puesto que historias similares estaban escritas por doquier y referidas a otros afamados cristos anteriores a Jesús:

Attis: Cristo de Frigia (Asia Menor), nacido de la virgen Nana.

Buda: Cristo de India, nacido de la virgen Maya.

Dioniso: Cristo de Grecia, nacido de una virgen.

Heracles: Cristo de Grecia, nacido de una virgen.

Krishna: Cristo de India, nacido de la virgen Devaki.

Mitras: Cristo de Persia, nacido de una virgen.

Osiris: Cristo de Egipto, nacido de la virgen Isis-meri.

Zoroastro: Cristo de Asia Menor, nacido de una virgen.

Asimismo, tampoco extrañaba otro aspecto característico de aquellos cristos: su muerte y posterior renacimiento, asunto que hoy nadie se creería. Aquí es conveniente recordar el paralelismo entre aquel Cristianismo y el Mitraismo.

Así que la idea fue genial. Pablo aprovechó las circunstancias de aquella secta y comenzó a modelar a su líder para conformar un nuevo cristo. Pero tenía que ser el más completo de todos los mesías habidos hasta entonces: Una madre virgen, un padre celestial, unas enseñanzas novedosas enfocadas a enternecer los corazones, una vida diferente al ascetismo riguroso para que pudiera ser imitada sin inconvenientes, una pasión y muerte terrenal, un profetizado paso por los infiernos, una resurrección y una gloriosa subida a los cielos. En definitiva, unos de los cristos mas completos habidos hasta entonces. Y una vez que ese cristo ya estuviera aquí, no sería necesario conocer nada más de su vida hasta el desenlace final.

Aun cuando, el acto más sorprendente que podía diferenciarlo del resto de humanos era la posibilidad de otorgar la vida, por lo tanto, era conveniente que el personaje Jesús resucitara a los muertos, y cuantos más mejor. Sin embargo, había un inconveniente; como el tal Jesús se había ido al otro mundo sin redimir al pueblo judío de los invasores romanos, lo cual era decepcionante, sería necesario buscarle otra misión más extraordinaria y que, además, resultara imposible de evaluar en esta vida. Este Cristo, con su muerte, vino a redimir de los pecados a toda la humanidad y, a continuación, como su labor no se había acabado ahí, en pocos días regresaría para llevarse a todos sus seguidores a la gloria celestial, lo que suponía el súmmum mesiánico de la redención judía.

Pero, además de contar la historia del nuevo Jesús, era conveniente para el ego de Pablo que él apareciera como el detentador del oráculo divino. No obstante, como aquella historia estaba cogida con finos hilos, los relatos de los biógrafos del mesías fueron discordantes. No podían contrastar nada porque nada había, así que contaron la historia recordando a su manera las recomendaciones del ideólogo referidas a la vida y obras del nuevo Cristo. Lo cual causó numerosas contradicciones en las narraciones de los cuatro evangelistas, y eso condujo a diferentes puntos de vista, aunque, afortunadamente, ya estaban contemplados en el Proyecto para que todo sucediera conforme a lo ideado.

Un concepto novedoso

La religión familiar de Pablo era el Judaísmo, por lo que él estaba acostumbrado al castigo terrenal y sumarísimo de los pecados. Su dios, Yahvé, no entendía de arrepentimientos, ni de remisión de la pena mediante penitencia. Los pecadores contra la Ley y los preceptos de Yahvé eran ejecutados en el acto, generalmente mediante lapidación o cremación. Según la Torah, nunca se castigaba al pecador con las penas en el más allá, sino en el más acá. Los castigos eran administrados aquí en la tierra y aplicados al cuerpo terrenal; nada de almas espirituales, ni de cuerpos gloriosos, ni de fuego eterno del infierno. Quien la hacía aquí, lo pagaba aquí. En fin, hay que reconocer que esa forma de aplicar la justicia divina era realmente dura para cualquier mortal, especialmente para los desamparados que, como siempre, eran los más débiles ante la justicia de los sacerdotes jueces. Pues bien, un buen acicate para la atracción de paganos y gentiles, incluso de los propios judíos, hacia la causa paulista era derogar para siempre esos castigos físicos sustituyéndolos por penas de ultratumba.

Vinieron a avalar algo así: "Nosotros, los precursores de esta nueva religión, os aseguramos que ya ningún adúltero será lapidado; es más, quien cometa numerosos adulterios pero se arrepienta justo antes de morir, os certificamos que, finalmente, vivirá una vida eterna junto al Hijo, al lado de Yahvé." ¡El cambio fue radical!

"Y a los esclavos y al pueblo mísero os recomendamos que soportéis estoicamente vuestras penurias, porque os prometemos que, tras la muerte, viviréis eternamente igual o mejor que esos ricos déspotas."

¿A quien no le place esta doctrina? El éxito estaba asegurado, pues hasta los poderosos se sentían complacidos con la idea: poder vivir a todo plan y pecar a mansalva y, tras un oportuno arrepentimiento, conseguir una dicha eterna. ¡Es la doctrina perfecta para cualquier humano medianamente temeroso!

Y las bienaventuranzas son otro anzuelo idóneo para pescar adeptos...

Pobres de espíritu, es decir, gentes de carácter débil y de escasa iniciativa o, como mejor le gusta entenderlo a la Iglesia Verdadera, personas con un corazón desprendido y real de las cosas superfluas o no necesarias para la vida. Estos son ideales para caer en sus redes. Además de los afligidos, pacientes y misericordiosos; o quienes se sienten injustamente tratados o aquellos que se consideran puros de corazón, trabajan a favor de la paz o son perseguidos por creerse, a sí mismos, justos. ¿Quién no se identifica, o le gustaría identificarse, con alguno de esos bienaventurados?

Pero el rol paulista asignado a Jesús parece que no gustaba a los primigenios discípulos, y por eso lo rechazaron; ellos eran seguidores a ultranza de la vieja religión otorgada por Yahvé, dios padre y señor nuestro, por lo que aquellas ideas tan extravagantes no gustaban pues se apartaban de la ortodoxia. Nació así la secta de los cristianos escindida de aquella religión judía fundada por los sacerdotes judíos de Yahvé.

Con lo cual se produjo la paradoja siguiente: Al amparo de la Segunda Persona se formó una secta enemiga acérrima de la religión creada por la Primera Persona. Ojo: ¡Ambas doctrinas fueron inspiradas por la Tercera Persona! Pero lo más curioso es que esa escisión formaba parte sustancial del Proyecto elaborado, hace casi una eternidad, conjuntamente por las Tres-Personas-en-Una.

Poderes caducados

En el principio de los tiempos, las Tres-Persona-en-Una se preguntaron:

¿Cuál ha de ser la mejor época para que todos los alardes que revelaremos en su momento sean creídos sin rechistar? Durante unos eternos instantes estuvieron sopesando las posibilidades y adivinaron que si lo acontecimientos necesarios para la conveniente Redención del género humano tuvieran lugar en el siglo XXI d.C. su Proyecto fracasaría, porque sería complicado demostrarlos. Finalmente se decidieron por acomodarlos en el siglo I d.C., ya que en esa época la humanidad todavía no tendría capacidad para descubrir la verdad.

Y se decidieron por aquellos tiempos.

Y les pareció bien.

Aquella decisión fue muy sabia, en consonancia con sus autores. Porque hoy, aquellas demostraciones de poder, habrían recibido escaso reconocimiento. Y digo escaso por no decir nulo, porque siempre hay gente dispuesta a creerse lo increíble. Hoy también existen profetas agoreros, expertos magos y curanderos que maravillan a los crédulos espectadores, pero, a la hora de levantar acta para certificar los milagros, contamos con el rigor técnico de la Ciencia que pone en su lugar la charlatanería y la milagrería.

HECHOS 13,9. Saulo, llamado también Pablo, lleno del Espíritu Santo, clavó los ojos en él, y le dijo: Hombre falso y lleno de maldad, hijo del demonio, enemigo de la justicia, ¿cuándo dejarás de torcer los rectos caminos del Señor? Ahora la mano del Señor va a caer sobre ti: quedarás ciego y privado por un tiempo de la luz del sol. En ese mismo momento, se vio envuelto en oscuridad y tinieblas, y andaba a tientas buscando a alguien que le tendiera la mano. Al ver lo que había sucedido, el procónsul, profundamente impresionado por la doctrina del Señor, abrazó la fe.

HECHOS 14,3. A pesar de todo, Pablo y Bernabé prolongaron su estadía y hablaban con toda libertad, confiados en el Señor que confirmaba el mensaje de su gracia, dándoles el poder de realizar signos y prodigios.

Hay que tener muy mala uva, por muy San Pablo que se llame, para aprovecharse de unos poderes divinos y dejar ciega a una persona con el fin de demostrar su santidad.

Pero no solo los apóstoles fueron los elegidos de Yahvé, también los primeros sacerdotes cristianos fueron considerados divinos. ¿Hasta cuando duraron esos poderes de los discípulos de Jesús? Parece que se acabaron en aquellas historias del Nuevo Testamento. ¿Por qué no han continuado intactos por los siglos de los siglos hasta nuestros días?

MATEO 10,1. Jesús convocó a sus doce discípulos y les dio el poder de expulsar a los espíritus impuros y de curar cualquier enfermedad o dolencia.

Me parece bien que aquellos primeros doce discípulos recibieran poderes extraordinarios, lo que ya me suena raro es que Judas, el que lo traicionó, estuviera incluido entre los beneficiarios de tan sagrados dones. ¡Acaso fue por desconocimiento, o descuido o, bien, fue con premeditación? También es extraño que no les otorgara el poder de resucitar a muertos bien muertos, aunque parece que Pedro fue la excepción. Pero, como decía, lo que más me llama la atención es que esos poderes se acabaran con aquellos doce. Creo que es una falta de consideración no haber concedido que, al menos, de obispo para arriba se herede tan divina facultad. Parece que allá arriba no se fían de la gente que pulula por el Vaticano.

Las tres marías

MATEO 27,55. También estaban allí, observándolo todo, algunas mujeres que desde Galilea habían seguido a Jesús para servirlo. Entre ellas, estaban María Magdalena, María –la madre de Santiago y de José– y la madre de los hijos de Zebedeo... José tomó entonces el cuerpo de Jesús, lo envolvió en una sábana limpia y lo colocó en el sepulcro nuevo que se había hecho excavar en la roca. Después hizo rodar una gran piedra sobre la entrada del sepulcro y se fue. María Magdalena y la otra María estaban sentadas frente al sepulcro.

Creo que esta es una forma ruin de narrar los hechos. La escena que describió Mateo sería decepcionante para cualquier hijo. Resulta que Jesús estaba agonizando a la vista de los curiosos del pueblo y contemplaba que allí no se encontraba su madre. Otras mujeres ajenas a su familia sí esperaban el fatal desenlace, mas María, la Virgen, no estaba. Analizando esa sorprendente ausencia, se deduce que pudo ser debida a que la madre no se enteró de lo que ocurría, lo cual es poco creíble, o no le interesó, cosa más increíble todavía, o, tal vez, porque sí sabía lo que iba a suceder, ya que había sido informada de la trama. La madre tampoco participó en el entierro del Hijo, no se preocupó en darle cristiana sepultura. Todo esto me parece un dislate, salvo que el evangelista, con toda la mala intención del mundo, estuviera camuflando a María, la Virgen, bajo el seudónimo de "la madre de Santiago y José" o, como dice después, "la otra María". Sinceramente, creo que ese intento de ocultación fue debido al deseo de que María no apareciera como madre de otros hijos, pues eso habría impedido ostentar la condición de virgen. Considero evidente que esos pasajes son consecuencia de las manipulaciones a las que la Iglesia Verdadera ha sometido a la Biblia para adaptarla a sus necesidades. Y tanto ha metido la mano que al final, resulta que se lían pues, leyendo todos los versículos, no se sabe si al sepulcro fueron tres, dos o una sola María.

MATEO 28,1. Pasado el sábado, al amanecer del primer día de la semana, María Magdalena y la otra María fueron a visitar el sepulcro.

JUAN 20,1. El primer día de la semana, de madrugada, cuando todavía estaba oscuro, María Magdalena fue al sepulcro y vio que la piedra había sido sacada.

Continúa siendo patente que, leído el evangelio, se extrae la conclusión interesada de que era nulo el interés de María por la muerte del Hijo que ella había encarnado, pues una vez pasado el obligatorio descanso sabatino, no se presentó ante el sepulcro a llorar por tan sensible pérdida. Pero es probable, como ya he dicho, que esa "otra María", escrito así con tono despectivo, vuelva a referirse a la madre de Jesús.

Aunque no hay que descartar la posibilidad, que ya he citado, de que la actitud de María, reflejada en la Revelación y hartamente sospechosa, pudiera deberse a que ella conocía la trama que se había urdido en torno a unas supuestas muerte y resurrección de su hijo amado.

Jesús o Emmanuel

MATEO 1,21. Ella dará a luz un hijo, a quien pondrás el nombre de Jesús, porque él salvará a su Pueblo de todos sus pecados. Todo esto sucedió para que se cumpliera lo que el Señor había anunciado por el Profeta: La joven concebirá y dará a luz un hijo a quien pondrán el nombre de Emmanuel, que traducido significa: Dios con nosotros. Al despertar, José hizo lo que el Ángel del Señor le había ordenado: llevó a María a su casa, y sin que hubieran hecho vida en común, ella dio a luz un hijo, y él le puso el nombre de Jesús.

Para conocer esa escena tan sublime me veo obligado a recurrir al evangelista Mateo, puesto que los otros tres nada cuentan al respecto. ¿Alguien entiende lo siguiente?: -Se le pondrá el nombre de Jesús para que se cumpliera la profecía que dijo que le pondrían el nombre de Emmanuel-.

De Wikipedia extraigo lo siguiente:

En arameo, el idioma de la Judea del siglo I, el nombre Jesús proviene de Yeshúa (Heb.ישוע, Yeshúa) «Yahvéh es Salvación» Nombre compuesto que contiene el Tetragramaton que corresponde al nombre divino.

En primer lugar, para que no hubiera dudas sobre el parentesco le pusieron por nombre "Yahvé es Salvación". O sea, cada vez que se invoca el nombre de Jesús se está aludiendo a aquel dios judío, terrible y justiciero, que nada tiene que ver con la Bondad Infinita con la que se describe a Dios. Y respecto a los nombres, hay que significar que el profeta dijo que le pondrían el nombre de Emmanuel, "Dios con nosotros".

Al invocar el nombre de Jesús se está dando a entender que hay que seguir la Ley de Yahvé para poder alcanzar la salvación, mientras que al decir Emmanuel se está asegurando que podemos considerarnos felices puesto que Dios siempre está a nuestro lado, independientemente de nuestro comportamiento. Como se ve, ambos nombres son muy distintos, tanto en la pronunciación como en el significado y el sentido.

El Bautismo

MATEO 3,4. Juan tenía una túnica de pelos de camello y un cinturón de cuero, y se alimentaba con langostas y miel silvestre. La gente de Jerusalén, de toda la Judea y de toda la región del Jordán iba a su encuentro, y se hacía bautizar por él en las aguas del Jordán, confesando sus pecados.

Según cuentan aquellos que conocen plenamente el pensamiento de Yahvé, parece ser que él ordenó la implantación del Bautismo como requisito necesario para eliminar en las almas la mancha que él mismo se está dedicando a incrustar en todas y cada una de ellas, y así continua haciéndolo desde hace miles y miles de años.

La labor siguiente solo se le puede ocurrir a un ser omnipotente de inteligencia suprema:

1º Dedicarse a crear almas.

2º Entretenerse en manchar todas esas almas con el Pecado Original.

3º Preocuparse de introducir almas en los embriones humanos fecundados.

4º Meses después, delegar en los hombres para que procedan a limpiar las almas echando unas gotas de agua bendita en la cabeza del embrión ya desarrollado.

Y como Yahvé es infinitamente amante de sus criaturas e infinitamente sabio y justo, tuvo a bien otorgar ese poder de limpieza a los sacerdotes de la Iglesia Verdadera. Solamente ellos tienen la facultad de limpiar almas, ya sea mediante el Bautismo o la Confesión. Lo cual supone un gran consuelo para quienes tenemos tan cerca las parroquias con curas, pues no hay más que imaginarse la desgracia de esos desamparados de las estepas del Asia Central o del Serengueti –condenados sin remisión nada más nacer- pues ni tienen idea de quien es Yahvé ni cuentan con una parroquia católica en sus proximidades donde poder lavar sus almas. Esa es la in justicia que aplica la Iglesia Verdadera, pero nada podemos hacer para enmendarlo pues todo está incluido en le Proyecto de Yahvé.

El Sábado

MATEO 12,8. Porque el Hijo del hombre es dueño del sábado.

JUAN 9,14. Era sábado cuando Jesús hizo barro y le abrió los ojos... Algunos fariseos decían: Ese hombre no viene de Dios, porque no observa el sábado.

MARCOS 2,27. Y agregó: El sábado ha sido hecho para el hombre, y no el hombre para el sábado. De manera que el Hijo del hombre es dueño también del sábado.

El objetivo estaba claro, conseguir demostrar que el Hijo no guardaba el sábado. Una vez que decidieron apartarse definitivamente de la doctrina judía, seguidora de Yahvé, dios padre y señor nuestro, se pusieron a la tarea de escribir versículos con ideas que se apartaban de la Ley. No obstante, no pudieron eliminar muchos de los pasajes en los que se muestra que aquellos primeros discípulos guardaban el sábado.

LUCAS 23,56. Después, regresaron y prepararon los bálsamos y perfumes, pero el sábado observaron el descanso que prescribía la Ley.

Aquí es conveniente recordar que Jesús resucitó en Domingo porque el Sábado era fiesta de guardar, y era pecado hacer cualquier trabajo, por lo que ni la piedra que tapaba el sepulcro se podía remover, so pena de sufrir la ira de Yahvé.

Por Decreto Ley

El Proyecto Divino termina, como no podía ser menos, con otra genialidad supina. ¿Cómo zanjar, de una vez por todas, las discusiones entre las diferentes creencias dentro de aquella religión incipiente? ¿Cómo acallar para siempre las bocas de quienes discrepaban de los dislates? La Iglesia Verdadera necesitaba un respaldo incuestionable para instalarse y consolidarse, para lo cual las Tres-Personas-en-Una idearon la mejor baza posible: el apoyo de la política. Bastaría, pues, que el Espíritu insuflara en el emperador romano apenas un ligero soplo convincente para conseguir el propósito.

Pues bien, como aquellas sectas cristianas malvivían en continuas algarabías, todas ellas convencidas de estar en posesión de la verdad absoluta, suponían un serio inconveniente para la convivencia pacífica en Roma, Constantino fue iluminado por la divinidad y, gracias a ello, consideró conveniente aunarlas, pensando que así mejoraría la estabilidad del imperio.

Y el político convocó el Concilio de Nicea. Pero lo paradójico de esta circunstancia es que el emperador era pagano, adorador del Sol Invictus, y solo en los últimos instantes de su vida fue bautizado, aunque por un obispo arriano y, por tanto, hereje. Así fue como Constantino, por un decreto ley, estableció el Cristianismo como la única y verdadera religión. O sea, aquel pagano certificó, con su firma, que Jesús era de la misma naturaleza que Yahvé, utilizando para ello la palabra consustancial. Desde entonces, eso dogma de fe.

Es posible que aquella rúbrica de Constantino parezca una intromisión de los políticos en asuntos religiosos, sin embargo, la realidad fue todo lo contrario, ya que, a partir de entonces, fue la Iglesia Verdadera la que comenzó a detentar, también, el poder político del Estado.

Preparando el terreno

JOB 1,8. Pero Satanás le respondió: ¡No por nada te teme Job! ¿Acaso tú no has puesto un cerco protector alrededor de él, de su casa y de todo lo que posee? Tú has bendecido la obra de sus manos y su hacienda se ha esparcido por todo el país.

Otro asunto a tener muy en cuenta es la Revelación de que Yahvé era muy amigo de los ricos, incluso los favorecía para que ampliaran sus riquezas. Eso lo certifica el Libro respecto a Job y otros más (Abrahán, Jacob, Salomón...). Más tarde, para quedar bien, pusieron en boca del Hijo lo contradictorio, aquello de que es muy difícil que el rico se salvara.

MARCOS 12,41. Jesús se sentó frente a la sala del tesoro del Templo y miraba cómo la gente depositaba su limosna. Muchos ricos daban en abundancia. Llegó una viuda de condición humilde y colocó dos pequeñas monedas de cobre. Entonces él llamó a sus discípulos y les dijo: Os aseguro que esta pobre viuda ha puesto más que cualquiera de los otros, porque todos han dado de lo que les sobraba, pero ella, de su indigencia, dio todo lo que poseía, todo lo que tenía para vivir.

¿De dónde provienen los tesoros que acumulan los líderes de las sectas? Esos iluminados no dan golpe y, sin embargo, son ricos con avaricia. La Iglesia Verdadera, como no podía ser menos, no se quedó rezagada y muy pronto comenzó a preparar el terreno para obnubilar la sesera de sus adeptos con la idea de que los ricos tenían muy difícil alcanzar la Gloria.

MATEO 19,20. El joven dijo: Todo esto lo he cumplido: ¿qué me queda por hacer? Si quieres ser perfecto, le dijo Jesús ve, vende todo lo que tienes y dalo a los pobres: así tendrás un tesoro en el cielo. Después, ven y sígueme. Al oír estas palabras, el joven se retiró entristecido, porque poseía muchos bienes. Jesús dijo entonces a sus discípulos: Os aseguro que difícilmente un rico entrará en el Reino de los Cielos. Sí, os repito, es más fácil que un camello pase por el ojo de una aguja, que un rico entre en el Reino de los Cielos.

Y a continuación aparece la evidencia más clara de lo que digo. Es Lucas, la mano derecha de Pablo y autor del libro Hechos de los apóstoles, quien suelta una buena tanda de sentencias que aconsejan desprenderse de los bienes.

LUCAS 19,8. Pero Zaqueo dijo resueltamente al Señor: Señor, voy a dar la mitad de mis bienes a los pobres, y si he perjudicado a alguien, le daré cuatro veces más. Y Jesús le dijo: Hoy ha llegado la salvación a esta casa, ya que también este hombre es un hijo de Abraham

HECHOS 2,44. Todos los creyentes se mantenían unidos y ponían lo suyo en común: vendían sus propiedades y sus bienes, y distribuían el dinero entre ellos, según las necesidades de cada uno.

HECHOS 4,32. Nadie consideraba sus bienes como propios, sino que todo era común entre ellos... Ninguno padecía necesidad, porque todos los que poseían tierras o casas las vendían y ponían el dinero a disposición de los Apóstoles, para que se distribuyera a cada uno según sus necesidades. Y así José, llamado por los Apóstoles Bernabé –que quiere decir hijo del consuelo– un levita nacido en Chipre que poseía un campo, lo vendió, y puso el dinero a disposición de los Apóstoles.

Es obvio que Pablo, gracias al oráculo que mantenía con Yahvé, consiguió que éste inspirara a Lucas, su amigo, para que escribiera esos versículos con el buen fin de que los líderes cristianos fueran acumulando inmensas riquezas donadas por los adeptos. Seguramente, a Yahvé le pareció bien aquella idea puesto que él era partidario de hacer ricos a los líderes de su pueblo.

Voto de pobreza

El hecho de que el obispo Prisciliano (siglo IV), antes de ser condenado por hereje, predicara la necesidad de volver a dar ejemplo de pobreza, da idea de hasta dónde llegó la situación de desmadre de la Iglesia Verdadera y cómo tergiversó la doctrina primitiva. Lo asombroso es que ese fue uno de los motivos por los que al obispo se le consideró hereje.

Extraído de Wikipedia:

La Donación de Constantino es un decreto imperial apócrifo atribuido a Constantino I, según el cual, al tiempo que se reconocía al Papa Silvestre I como soberano, se le donaba la ciudad de Roma, así como las provincias de Italia y todo el resto del Imperio romano de Occidente, creándose, así, el llamado Patrimonio de San Pedro. La autenticidad del documento fue puesta en duda ya durante la Edad Media. Ya el emperador Otón III había dudado hacia el año 1000 de la autenticidad de la "Donación de Constantino", pero en general los intelectuales de la Edad Media europea no cuestionaban su veracidad.

Pero fue el humanista Lorenzo Valla quien en 1440 pudo demostrar definitivamente que se trataba de un fraude de la curia romana: a través del análisis lingüístico del texto demostró que no podía estar fechado alrededor del año 300.

La Iglesia Verdadera, como hace siempre que se siente atacada, intentó destruir el documento de Valla, sin embargo, hacia el año 1517 aparecieron copias. Pese a que estos escritos eran indiscutibles, tuvieron que pasar varios siglos más hasta que definitivamente se asumiera el fraude.

Esta forma de hacerse rico a costa del pueblo crédulo, continúa siendo aprovechado por numerosos líderes de sectas, como es el caso, aquí en España, de la vidente Amparo Cuevas, que exige hacer donación de todos los bienes a quien desee entrar en su fundación. Y el caso es que la Iglesia Verdadera debe haber visto negocio en esas apariciones de El Escorial, pues ahora ya está dispuesta a reconocer la autenticidad del milagro mariano.

Tal como sucedió, por ejemplo, en Fátima. Allí, una aldea de apenas cuatro mil habitantes, se ha convertido en una próspera ciudad con numerosos hoteles de varias estrellas y una próspera industria especializada en exvotos y demás iconos milagreros. Solo la fábrica de velas, que los devotos arrojan a la hoguera del velatorio, elabora diariamente más de tres toneladas de cera. Ahí todo es negocio, pues la cera fundida es reciclada para confeccionar nuevas velas en un proceso sin fin. Tienen cinco fundaciones que poseen grandes extensiones de terrenos y un capital en torno a los trescientos millones de euros...

La Virgen, allá donde se aparece, siempre expresa sus grandes deseos: Que le hagan una iglesia para que se la venere y que se rece mucho por la paz.

Última Fase: LA FIEL ESPOSA

-Amarás a Yahvé sobre todas las cosas...- A pesar de que te ponga toda clase de obstáculos y te atemorice con horribles sufrimientos.

Vistos los acontecimientos, aquello debió ser un matrimonio de conveniencia por poderes. A la Trinidad le convenía la unión indisoluble con la Iglesia Verdadera, pues sabía que sería la única organización religiosa que defendería el dogma de las Tres-Personas-en-Una

Catecismo 36.

La santa Iglesia, nuestra madre, mantiene y enseña que Yahvé, principio y fin de todas las cosas, puede ser conocido con certeza mediante la luz natural de la razón humana a partir de las cosas creadas.

El Hijo había colaborado en la idea de que aquella religión, que se autodenominaría “Fiel Esposa”, saldría de la mente de Pablo. Y es tan fiel esa esposa que se dedica en exclusiva a mantener y enseñar que Yahvé puede ser conocido con certeza mediante la luz natural de la razón humana a partir de las cosas creadas.

La Iglesia Verdadera intentó eliminar cualquier vestigio de historia que pudiera afectar a su verdad, y casi lo consiguió con la ayuda del Espíritu. Aunque, la venganza de la Historia fue aún mayor, pues silenció por completo todos los extraordinarios acontecimientos que tuvieron lugar durante la estancia del Hijo en la tierra y, después, con los apóstoles.

Esta Esposa ha sido siempre tan fiel que ha matado en nombre del Esposo.

Fidelidad

El obispo Prisciliano, gracias a la información obtenida a través del acceso a diversos documentos, así como a otros tantos apócrifos, y sabiendo de la manipulación de que eran objeto los manuscritos hasta entonces aceptados por las comunidades cristianas, decidió enviar a Egipto a su discípula Egeia en busca de las fuentes originales del Cristianismo. Aquello sucedió en la segunda mitad del siglo IV. En efecto, desde Roma se había iniciado una campaña de destrucción sistemática de toda aquella doctrina que fuera ajena o contraria a la religión cristiana, oficializada por el emperador Constantino. Claro, al final sucedió que Prisciliano fue ejecutado por hereje.

Siglos después, también los Templarios fueron a Egipto en busca de la fuente Original.

¿Por qué a Egipto? Eran tan numerosos los amaños que se estaban haciendo que se hacía imposible conocer la Verdad si se permanecía en Roma, por eso había que ir lejos de allí, donde la tergiversación todavía no hubiera llegado.

Esa labor de la Iglesia Verdadera Primitiva fue ideada por la Trinidad en el principio de los tiempos para que todo su Proyecto se desarrollara tal cual lo conocemos hoy. Así debió ocurrir, pues las Tres-Personas-en-Una eran omnipotentes y omniscientes y, por tanto, se ha de creer con fe ciega que fueron ellas las que proyectaron esa manipulación de los hechos. La Iglesia Verdadera demostró así su fidelidad a Yahvé.

Y dijo Yahvé: Hemos ideado que la Iglesia Verdadera será nuestra mejor aliada para destruir los documentos que pudieran afectar al buen fin de nuestro Proyecto.

Y diseñaron a la Fiel Esposa.

Y les pareció bien.

¿A quién es fiel la Iglesia Verdadera: A Yahvé, a Pablo o a sí misma? Pues primero lo fue a las leyes de Yahvé, después a las ideas de Pablo y, finalmente, sigue su propia doctrina.

El Santo Prepucio

LUCAS 2,21. Cumplidos los ocho días para circuncidar al niño, le pusieron por nombre Jesús...

Dado que todos los familiares de Jesús eran fieles seguidores de la Ley de Yahvé, siguiendo el rito judío, el Hijo encarnado fue debidamente circuncidado. Sin embargo, contrariamente a lo que manda la Iglesia Verdadera, no fue bautizado conforme al rito iniciático cristiano. Este detalle siempre lo excusan con aquello de que el Hijo no heredó el Pecado Original, o sea, al pertenecer a la Trinidad estaba exonerado. Sin embargo, cuando se pide una explicación al hecho de que fuese circuncidado, se responde que tuvo que pasar por ese trance como todos los varones judíos. Es decir, en este caso sí era humano. Ahora bien, la circuncisión era una medida preventiva para evitar males cuando, en edad adulta, se tuvieran relaciones sexuales, Pero, es de sobra conocido, que el Hijo jamás podría tener amoríos, y eso lo sabían muy bien sus padres, por lo cual la circuncisión de Jesús no tenía objeto.

Lo normal es que aquel trocito de Jesús se tirara a la basura, pues no es costumbre guardar como oro en paño ese trocito de piel impúdica, y así debió suceder ya que la Revelación nada dice respecto a su conservación en frigorífico durante muchos siglos. Sin embargo, pese a esa lógica aplastante, el Santo Prepucio del Hijo encarnado es una reliquia muy apreciada y venerada en demasiadas iglesias, lo cual es sospechoso puesto que la cosa no da para tanto. Hasta dónde llega la alucinación provocada por la fe ciega se evidencia en santa Catalina de

Siena esa religiosa que decía sentir un placer inmenso saboreando en su boca el pellejito de Jesús, como si fuera la fiel esposa. La extasiada mujer había conseguido un anillo de cuero elaborado con la piel encurtida del Santo Prepucio. [

Sin ti no soy nada

Catecismo 816.

Nuestro Salvador, después de su resurrección, la entregó a Pedro para que la pastoreara. Le encargó a él y a los demás apóstoles que la extendieran y la gobernaran... El decreto sobre Ecumenismo del Concilio Vaticano II explicita: "Solamente por medio de la Iglesia católica de Cristo, que es auxilio general de salvación, puede alcanzarse la plenitud total de los medios de salvación.

Es justo reconocer que la Trinidad nada sería sin la persistencia interesada de la Esposa Fiel. Gracias a la Revelación se llega a la conclusión de que ninguna de las Tres-Personas-en-Una fue capaz, por sí misma, de darse a conocer a todos los pueblos, y para hacer frente a esa incapacidad se vieron obligados a diseñar a la Iglesia Verdadera para que extendiera las ideas incluidas en su Plan. Es más, esa labor de evangelio, en consonancia con la fidelidad debida, le fue adjudicada en exclusiva. Así lo afirma el Catecismo: "Fuera de la Iglesia no hay salvación." Lo dicen ellos y hay que creerlo. Esto certifica que toda la humanidad, sin exclusiones, fallecida en los milenios anteriores está quemándose en el infierno.

Catecismo 846.

El santo Sínodo... basado en la Sagrada Escritura y en la Tradición, enseña que esta Iglesia peregrina es necesaria para la salvación. Por eso, no podrían salvarse los que sabiendo que Yahvé fundó, por medio de Jesucristo, la Iglesia católica como necesaria para la salvación, sin embargo, no hubiesen querido entrar o perseverar en ella (LG 14).

Supongamos que acepto eso, pese a que no me presenten las pruebas fehacientes; pero, qué me dicen de esto otro: ¿Podrán salvarse quienes no sabiendo que Yahvé fundó la Iglesia Verdadera como necesaria para la salvación no han podido entrar en ella?

Creo que la persona justa y cabal responderá afirmativamente; pues una criatura, por el hecho de desconocer todos estos misterios: Tres-Personas-en-Una, Pecado Original, Madre y Virgen, Encarnación y Redención, no puede quedarse sin salvación. Me estoy refiriendo, por ejemplo, a esos indígenas de las selvas del Amazonas que no conocen más que su Ley Natural. Y esto es así, precisamente, porque Yahvé no pudo, no supo o no quiso revelarse universalmente ¿No es cierto que condenar a esos ignorantes a las penas eternas del Infierno sería una injusticia impropia de jueces ecuánimes?

Y a esa persona que ha respondido afirmativamente, le pregunto:

- Si el ignorante no debe ser condenado, ¿para qué le sirve conocer la Revelación?

- Si el ignorante se salva por sí mismo, ¿para qué necesita a la Iglesia Verdadera?

- Si el ignorante ya está redimido, ¿para qué requiere la Redención?

Lo cierto es que esos indígenas amazónicos han sido objeto de un acoso perverso, igual que les ha estado ocurriendo a casi todas las tribus aborígenes de los cinco continentes. Ellos vivían como en un limbo de paz espiritual acogidos a sus propias leyes y creencias; pero un infausto día para aquellos ignorantes, aparecieron los evangelizadores y los acosaron con ideas criminales, en especial referidas al sexo. Desde entonces muchos de esos indígenas, que por culpa de la Esposa Fiel habían dejado de ser ignorantes, fueron condenados a quemarse sin arder en el Infierno eterno.

Ni ellos mismos se lo creen

Mi párroco aprovecha las colectas del fin de semana para comprar el lunes una bandeja de chuletitas de cordero lechal y el martes una merluza fresca o unos lenguados. Es fan incondicional de ese dicho popular: la caridad bien entendida empieza por uno mismo.

Viendo su proceder, parece que Pablo era listo. ¿De qué vamos a vivir? Se preguntaría antes de embarcarse en la Buena Nueva. Rebajarse a pedir limosna no iba con su carácter; pero ahí estaba la muestra palpable de lo espléndidamente que vivían los sacerdotes judíos con el cuento ese de las ofrendas de óbolos para el mantenimiento del templo, además de los sacrificios de animales para tener contento a Yahvé. Y recibió la inspiración de la Trinidad, que ya había diseñado de qué viviría su Esposa Fiel.

Pablo comenzó a difundir el bulo de que toda persona que fuera rica tenía muy complicada la salvación, y cuanto más fortuna tuviera más difícil lo tendría. La evidencia de que en esto también contaban con el apoyo de las Tres-Personas-en-Una se encuentra en la Revelación, cuando cuenta que un matrimonio, que quiso ocultar a la comunidad cristiana una parte de su fortuna, fue sentenciado y ejecutado al instante con el rayo mortífero de Yahvé... Amén.

Así ocurrió y ocurre. Obligaban a los fieles a entregar sus riquezas, y para ello utilizaban varios argumentos contundentes:

Uno tenía que ver con la redistribución de la riqueza.

Otro, era más duro, la amenaza con la pena de muerte.

Otro más decía que con dinero era muy difícil entrar en el Reino.

Lo cuentan los evangelios y, gracias a ello, la Esposa Fiel comenzó a hacerse rica, excesivamente rica. Lo de menos era el cash, lo gordo les venía en forma de herencia de mansiones, de fincas con esclavos, sobre todo cuando consiguieron la alianza con el poder político terrenal. No obstante, su inmensa riqueza material, la Iglesia Verdadera sigue contando que Jesús abogaba por la pobreza. Y la prueba más concluyente de su afán de riquezas es la falsificación de la "Donación de Constantino" con la que consiguieron fraudulentamente hacerse con las tierras de toda Italia y parte de Europa.

Ellos, que estudian a diario la Sagrada Biblia, ellos que fueron aleccionados en los seminarios, ellos que tienen acceso a todos los secretos ocultos, ellos que deberían ser los más profundos creyentes de lo que predican (como los execrables pecados, o las penas eternas, o la ira y la venganza de Yahvé), ellos son los primeros en no creer. Porque, si se creyeran lo que dicen, la Iglesia Verdadera no sería infinita en riquezas, que no son precisamente espirituales. Pues, si es cierto que es casi imposible entrar en el Cielo habiendo vivido en la opulencia, ¿por qué viven así en el Vaticano? Benedicto XVI, como el resto de papas, gastaba zapatos rojos, confeccionados a medida, excesivamente caros... y estaba muy orgulloso de lo bien que le sentaban. ¿Verdad que si usted fuera Papa le daría vergüenza calzar esa pequeña fortuna? Dicen, quienes de esto saben demasiado, que el Papa es el Vicario de Cristo en el Tierra, pero -afirmo tajantemente- ninguno de esos sabios se atreverá a afirmar que el Papa es la viva imagen del Jesús que enseñan. En este sentido el nuevo Papa, Francisco, la está liando.

Pregonan la castidad pero no se la creen, pues, algunos, en cuanto se ocultan se lanzan con desenfreno a la lujuria, a la pederastia, al acoso sexual, a la sodomía. Y tratan de silenciarlo entre ellos para que no nos demos cuenta de que ni ellos mismo se creen lo que predican. Aseguran que es un pecado grave creer en la brujería, no obstante, en vez de ignorar a las brujas, la Inquisición demostró que creían en sus artes, pues las persiguieron y ajusticiaron.

No obstante, estas incongruencias no son gratuitas, ya que fueron ideadas en el principio de los tiempos para que las criticáramos y hacernos creer, así, que la andadura de la Esposa Fiel no es por un camino de rosas.

Otra prueba de que no se lo creen es la contradicción con su propio evangelio que dice aquello de que Jesús se enfadó con los mercaderes que traficaban a las puertas del Templo Sagrado de Yahvé. ¡Qué cara más dura! Ellos también trafican. Ahí están los tenderetes dentro del propio Vaticano donde se comercia con casi todo, ahí están los desafueros del Banco Ambrosiano, ahí están los negocios montados alrededor de Fátima, Lourdes...

O cuando vocean aquello de que hay que amar al prójimo como a uno mismo y, además, poner la otra mejilla. ¡Pamplinas! Quienes dicen eso persiguieron a muerte a los judíos, montaron cruzadas para decapitar a los sarracenos, establecieron la Inquisición para quemar a los herejes o se inventaron difamaciones para hacerse con los tesoros de los enemigos.

En Marzo de 2007, Benedicto XVI destacó que «Yahvé, Dios, es justicia y, sobre todo, amor. Si odia el pecado es porque ama infinitamente a toda persona y que siente un amor tan grande que no se deja desanimar por ningún rechazo.» Sin embargo, disiento de las palabras de S.S. ¿Cómo va a odiar el pecado si lo creó él? El mal, los demonios, el pecado, todo fue ideado, diseñado y creado por él, sin intromisión alguna en su exclusiva labor creadora.

Un contrasentido. Dice que odia el pecado por amor a las personas. Entonces no considerará pecado el hecho de que una pareja de novios sea feliz haciendo el amor. Y si Yahvé no se desanima por ningún rechazo, ¿por qué fulminaba con el rayo a quien le desobedecía?

No se creen lo que predican

El padre Jordano Bruno estuvo prsionero durante siete años, siendo sometido a tortura por la Inquisición y quemado en la hoguera. El gran pecado que había cometido era investigar sobre el Sistema Solar y el Universo. Había dicho que existían numerosos soles y numerosas tierras...

«Quien no cree en Yahvé, dios padre y señor nuestro, ni en Jesús, su Hijo unigénito, sufrirá la condena eterna.» Esto es lo que afirman dogmáticamente, y lo cierto es que, de ser sí, ya sería suficiente castigo. Pero, una prueba fehaciente de que nunca se lo han creído es que ellos mismos, actuando con venganza e incumpliendo otro de sus mandamientos –no matarás-, ajusticiaron a los infieles por el simple hecho de no creer en lo que a ellos les intresaba.

MATEO 5,39. Pero yo os digo que no hagáis frente al que os hace mal: al contrario, si alguien te da una bofetada en la mejilla derecha, preséntale también la otra.

La Iglesia Verdadera predica muchas cosas que no se cree.

Dice que el Epíritu le ha comunicado que todo pecador es castigado por Yahvé con las penas eternas del Infierno, pero hay demasiadas evidencias que prueban que no se creen eso. Por ejemplo:

- Primero, afirma que uno de los pecados más infames es la práctica de la brujería.

- Segundo, asegura que es pecado creer en las artes de la brujería.

- Tercero, dice que no es lícito matar.

Por lo tanto, si creyera lo que predica, debería creer:

- Primero, que las brujas ya son catigadas por Yahvé con la pena máxima.

- Segundo, que ellos mismo cometen pecado al creer en el poder de la brujería.

- Tercero, no deberían matar a las brujas porque es ilícito matar y, mucho peor, hacerlo en nombre de Dios.

Disparates similares se dieron en el caso de la ejecución de magos, herejes, judíos, cátaros. En España, con los judaizantes y los moriscos cometieron auténticas carnicerías, y se lucraron con el expolio de sus bienes, en especial de los prósperos negociantes judíos. En este asunto, la Iglesia Verdadera, la elegida para evangelizar, no se diferenció del carácter sanguinario de los hombres viles imponiendo sus ideas.

¿Cientos de casos de pederastia, silenciados por el Vaticano, en Alemania, en Irlanda, en EEUU, en Australia, en Méjico, etc? Se justifican diciendo que es un porcentaje pequeño. ¿Monjas vendiendo a recién nacidos? Alegan que son solo unos pocos cientos de miles los casos. ¿Monjas y curas aprovechándose de la demencia senil para hacerse con el patrimonio de ancianos? Aducen que eso no sucede en todas las casas de acogida. ¿Negocios bancarios fraudulentos? Dicen que es la práctica habitual de los bancos. ¿Párrocos que se quedan con parte del cepillo o de las joyas de la patrona? Es el chocolate del loro.

¿Aquellas persecuciones, expolios y ejecuciones de paganos? ¿Aquellas guerras santas? ¿Aquella Santa Inquisición? ¿Aquellas ordalías contra los disidentes de la ciencia bíblica? La respuesta: Eran otros tiempos. Pero resulta esclarecedor el hecho de que todas esas persecuciones contra los no católicos muestran esa gran mentira de que el Espíritu inspira a los papas en sus actos principales, salvo que ese espíritu no sea quien dicen sino cualquier otra cosa.

O el caso reciente de ese sacerdote que mintió a sus feligreses diciéndoles que se iba una semana de ejercicios espirituales y lo que hizo fue embarcarse con su prima en un crucero de lujo. O el obispo mejicano que fue fotografiado en actitud amorosa con su amante en una playa.

MATEO 6,5. Cuando oréis, no hagáis como los hipócritas: a ellos les gusta orar de pie en las sinagogas y en las esquinas de las calles, para ser vistos. Os aseguro que ellos ya tienen su recompensa. Tú, en cambio, cuando ores, retírate a tu habitación, cierra la puerta y ora a tu Padre que está en lo secreto; y tu Padre, que ve en lo secreto, te recompensará. Cuando oréis, no habléis mucho, como hacen los paganos: ellos creen que por mucho hablar serán escuchados.

Y edificaron el Vaticano, catedrales y basílicas, con todo lujo de detalles y ornato ostentoso. Y rezan interminables rosarios y jaculatorias, organizan novenas y promueven procesiones para lucir las mejores galas.

MATEO 6,18. No hagáis como ellos, porque el Padre que está en el cielo sabe bien qué es lo que os hace falta, antes de que se lo pidáis.

Si Yahvé sabe lo que necesitamos sin tener que recordárselo, ¿por qué practican la plegaria casi continua solicitando favores celestiales?

Y la Iglesia Verdadera es la entidad que acapara más posesiones en todo el mundo. Salvo el caso de España, tras el descubrimiento de América, jamás ha habido un reino o una nación que haya llegado a acumular más riqueza que la Iglesia Verdadera.

MATEO 6,19. No acumuléis tesoros en la tierra, donde la polilla y la herrumbre los consumen, y los ladrones perforan las paredes y los roban.

Esto es justo lo que no practican los líderes de la Iglesia Verdadera, comenzando por los papas, siguiendo por cardenales, arzobispos y obispos, y terminando por las imágenes enjoyadas de los camarines.

MATEO 23,14. ¡Ay de ustedes, escribas y fariseos hipócritas, que devoran los bienes de las viudas y fingen hacer largas oraciones! Por eso serán juzgados con más severidad.

Este versículo induce a creer en la visión de futuro de quien lo escribió, pues es evidente que estaba recriminando el proceder de la Iglesia Verdadera con las viudas ricas.

MATEO 23,27. ¡Ay de los escribas y fariseos hipócritas, que parecen sepulcros blanqueados: hermosos por fuera, pero por dentro llenos de huesos de muertos y de podredumbre! Así también sois vosotros: por fuera parecéis justos delante de los hombres, pero por dentro estáis llenos de hipocresía y de iniquidad.

Me da la impresión de que el evangelista se estaba refiriendo a muchos de los componentes de la Curia Romana.

En la Revelación se asegura que Enoc y Elías fueron elevados al cielo con sus cuerpos mortales y que Jesús y María subieron en una nube. Entonces cómo a Juan Pablo II se le ocurre contradecir la Palabra diciendo: -Las imágenes utilizadas por la Biblia para presentarnos simbólicamente el infierno deben ser interpretadas correctamente y más que un lugar, es la situación de quien se aparta de modo libre y definitivo de Dios-. Y del paraíso aseguró: -Existe, pero que no es ni una abstracción ni un lugar físico entre las nubes, sino una relación viva y personal con Dios.-

MATEO 23,3. Así que, todo lo que os digan que guardéis, guardadlo y hacedlo; mas no hagáis conforme a sus obras, porque dicen, y no hacen. Porque atan cargas pesadas y difíciles de llevar, y las ponen sobre los hombros de los hombres; pero ellos ni con un dedo quieren moverlas. Antes, hacen todas sus obras para ser vistos por los hombres. Pues ensanchan sus filacterias, y extienden los flecos de sus mantos; y aman los primeros asientos en las cenas, y las primeras sillas en las sinagogas, y las salutaciones en las plazas, y que los hombres los llamen: Rabí, Rabí.

¡Que se apliquen el cuento! Los vicarios del Cristo católico practican la imitación a los sacerdotes de Yahvé en vez de la imitación a su Cristo. Hubo historiadores griegos que se quedaron asombrados del lujo y el boato de todo lo que rodeaba a los sacerdotes del Templo Judío, donde oficiaban miles de sacerdotes y administraban ingentes fortunas procedentes de las donaciones abusivas exigidas a los creyentes. Consecuencia: El cargo de sumo sacerdote se hizo hereditario, algo parecido sucedió dentro de la Iglesia Verdadera, donde se heredaban papados, cardenalatos y obispados, incluso de padres a hijos. Siempre la misma historia amparada en el nombre de Yahvé... y de Jesús.

¿Cómo se reacciona en la vida civil ante el mayor desfalco cometido por una institución? ¿Cómo reaccionaron los creyentes cando se difundió el enorme fraude que supuso la falsificación de la "Donación de Constantino"?

La Iglesia Verdadera, en su esplendoroso aspecto financiero, quiere entrar en la lista blanca de los estados virtuosos, sin embargo, la magistratura italiana sospecha de que el Estado Vaticano está realizando operaciones ilícitas.

¿Cómo se puden admitir sospechas de reciclaje de ganancias criminales y financiación del terrorismo? ¿Cómo reacciona el creyente ante la sospecha de violación de las normas en operaciones bancarias? Así es la Iglesia que fundó Pablo aprovechándose del personaje Jesús.

Siempre practicando el verbo "atesorar riquezas terrenales", en contra de la doctrina que predican. Buscan fincas o solares que carezcan de propietario reconocido para inscribirlos a su nombre en el Registro. Dinero, dinero... Como ese párroco de Beniparrell (Valencia) que ha dicho que no rezará por ningún difunto cuya familia deba dinero a la parroquia. ¿Quién le ha inculcado a ese cura semejantes ideas? El pobre está convencido de que Dios solo acepta las plegarias de quienes nada deben a la Iglesia Verdadera.

Objetivo cumplido

Cuando se comienza a leer la Biblia sucede algo muy común. Nadie imagina que todas aquellas truculentas historias están allí narradas porque, aunadas, van a terminar convergiendo en la consecución del objetivo perseguido por Yahvé: La fundación, expansión y conservación de la Iglesia Verdadera.

Todas las profecías, todas aquellas veladas insinuaciones, todos los comentarios, todo estaba relacionado con la Esposa Fiel. Cuando hablaban Adán y Eva, cuando Noé fue salvado, cuando Moisés avanzaba por el Sinaí, todos aquellos personajes actuaban, tal vez inconscientemente, en pro de la edificación del Puente a la Salvación: La Iglesia Verdadera.

Por eso la Trinidad trazó un Proyecto Creativo absolutamente perfecto que tenía como fin la victoria de Iglesia Verdadera. Su idea fue, desde hace ya casi una eternidad, que solo a través del Catolicismo se podría acceder al privilegio de ser adorador de aquellas Tres-Personas-en-Una, un ente que se sentía solo y ansiaba la compañía exclusiva de los católicos.

Todas las complicaciones proyectadas podían haberse soslayado y la duración del Plan haberse acortado. Todo este tremendo lío, que según cifras bíblicas dura ya más de 56 siglos, quizás hubiera podido reducirse a unos escasos minutos o, algo más, unos pocos años. Pero eso sería contrario a la voluntad de Yahvé.

Imaginemos, por ejemplo, que no se hubieran diseñado algunos de los primeros componentes del Proyecto: El bien y el mal, el cielo y el infierno, los ángeles y los demonios..., o que todo hubiese comenzado directamente con la especie humana. Imaginemos, incluso, que la serpiente, por la gracia de Yahvé, no hubiese hecho caer en el Pecado Original a aquella pareja. Pues bien, es cierto que, en esos casos, el Proyecto se habría modificado obteniendo una considerable reducción de costes de todo tipo y, no obstante, conseguir idéntico o mejor resultado.

Y hasta podemos imaginar que, justo tras el Pecado Original, la secuencia de la Redención se hubiera diseñado como sigue y sin modificar el resultado final:

Inmediatamente, el Hijo se encarna, la Humanidad (Adán y Eva están solos) lo humillan y lo ajustician.

Mientras tanto, Yahvé juzga a la serpiente y la condena a muerte. Pese a que los demonios son inmortales, prevalece la Omnipotencia de Yahvé y consigue eliminarlos de una vez por todas.

En el ínterin, el Hijo ha pasado por el infierno, que ya está vacío y así permanecerá vacío.

Minutos después, el Hijo retorna, resucita y sube al cielo.

Han transcurridos solo unos pocos minutos desde el Pecado Original y ya tenemos a Satanás eliminado para siempre y a la humanidad eternamente redimida.

Esta forma de actuar tiene, para la mentalidad humana, dos características esenciales en todo proyecto: Eficacia y eficiencia; lo que significa conseguir el objetivo deseado utilizando el mínimo esfuerzo, el mínimo tiempo, el mínimo coste... Pero Yahvé no era humano.

Por eso, como Yahvé no tenía la ambición humana, había proyectado que la Fiel Esposa, transcurridos dos mil años de actividad frenética, sólo conseguiría un 20% de afiliados, mientras que la competencia, Satanás, se llevaría el restante 80%.

Ese escaso éxito, que se va agravando conforme avanzan los decenios, comparado con los siglos pasados de aparente éxito, conseguido con poder dictatorial y afán de imponerse a la competencia, ha dejado un regusto que la hace anhelar aquella situación de conquista.

Imaginando

Voy a imaginar, solo por un momento para no ilusionarme mucho, que Yahvé hubiera trazado otro plan que no incluyera a los demonios. Para empezar, Adán y Eva habrían vivido eternamente felices adorando a Yahvé y, además, sin dar golpe. Procreando sin límites y exentos ya del Diluvio Universal, el colapso poblacional se habría producido en pocos siglos y Yahvé habría ido distribuyendo la humanidad por otros planetas creados para este fin. Y lo que es mejor; sin el acoso demoníaco, la humanidad no habría necesitado ser redimida, por lo cual los elegidos para ocupar el cielo serían el 100%. ¡Un éxito divino absoluto!...

Pero eso habría conllevado la no aparición de la Iglesia Verdadera.

Además, si no se hubiese necesitado la Redención, Jesucristo no hubiera sido necesario. Siendo así, la Segunda Persona, el Hijo, todavía sería una desconocida. Y lo que es más sorprendente: Sin Jesucristo no habría Esposa Fiel. Y con esta conclusión me doy cuenta de la infinita inteligencia del Proyecto Creativo de Yahvé:

Creó a los demonios para que, milenios después, surgiera el adalid de su plan, la Iglesia Verdadera; la esposa amada del Hijo, la encargada de llevar al Cielo a quienes alcanzan la fe.

Si se elimina el mal, dejan de existir el demonio y el pecado.

Si se elimina el demonio, deja de imperar el pecado en el mundo.

Si se elimina el pecado, no es necesaria la Redención.

Si eliminamos la Redención, no es necesario Jesucristo.

Si Jesucristo no es necesario, la Iglesia Verdadera desparece.

Y a la vista de esa Gran Verdad que me ilumina, llevo tiempo haciéndome esta pregunta:

¿Por que la Iglesia Verdadera no incluye entre sus plegarias la más importante: dar gracias a Yahvé por no haber eliminado a los demonios en el principio de los tiempos?

"Gracias ¡Oh Yahvé! Gracias te damos humildemente por haber permitido a Satanás realizar su cometido. Gracias Yahvé, porque supiste adivinar cuán necesarios eran los demonios para nuestra supervivencia."

Ahora voy a fantasear con algo muy serio. Resulta que hoy se ha obtenido la prueba fehaciente que demuestra la inexistencia de Satanás. Entonces, algunos creyentes se han puesto a razonar: "Si no existe Satanás, no hubo Pecado Original y no necesitamos el Bautismo. Si no existe Satanás, no necesitábamos haber sido redimidos por Jesucristo. En consecuencia, mientras haya Iglesia Verdadera habrá pecados y demonios y viceversa".

A partir de reflexiones como esta, los creyentes comenzarían a sentirse libres de verdad, ya no necesitarían la fe sino solo la razón.

Y Yahvé fue destronado

¿Dónde está Yahvé, dios padre y señor nuestro? El Hijo se amparaba en Yahvé, todos los apóstoles adoraban a Yahvé y Pablo veneraba a Yahvé. ¿Alguien ha visto u oído en las iglesias alusiones al dios judío? Yahvé ha sido destronado y en su lugar han sido colocados otros: Jesús y, sobre todo, María, sin olvidar la multitud de santos; todos ellos personajes de carne y hueso. Les interesa que se crea que son intercesores ante Yahvé de los ruegos de los creyentes, pero, por otro lado, aseguran que no es necesario rogar a Yahvé, pues lo sabe todo, y él acude a prestar su ayuda sin necesidad de pedírsela. ¿Por qué ese interés en no mentar a Yahvé? Porque son muchísimo más rentables las estatuas de los santos que la imagen virtual de aquel temido dios judío.

Nuevos cielos y nueva

Catecismo 1042.

Al fin de los tiempos, el Reino de Dios llegará a su plenitud. Después del Juicio final, los justos reinarán para siempre con Cristo, glorificados en cuerpo y alma, y el mismo universo será renovado: La Iglesia [...] «solo llegará a su perfección en la gloria del cielo [...] cuando llegue el tiempo de la restauración universal y cuando, con la humanidad, también el universo entero, que está íntimamente unido al hombre y que alcanza su meta a través del hombre, quede perfectamente renovado en Cristo.

¿Qué entenderá esta gente por universo? Es una pregunta que me hago ante esas afirmaciones reiteradas referidas a una renovación o restauración universal. Divulgando esas ideas se quedaba muy bien frente a los incautos de hace siglos, pero me cuesta creer que haya sido el Espíritu el inspirador de tantos disparates.

Catecismo 1043.

La sagrada Escritura llama "cielos nuevos y tierra nueva" a esta renovación misteriosa que trasformará la humanidad y el mundo. Esta será la realización definitiva del designio de Dios de "hacer que todo tenga a Cristo por Cabeza, lo que está en los cielos y lo que está en la tierra".

Como esas ideas son imposibles de creer, recurren, como siempre, al consabido misterio. Porque, hoy, nadie con dos dedos de frente, puede creerse que para entonces las galaxias ya no chocarán entre sí, los agujeros negros dejarán de engullir materia y las estrellas permanecerán estables. Parece como si el Espíritu, inspirador de semejantes palabras, no supiera o no quisiera enterarse de que esos cielos incluyen a trillones de estrellas en constante y continua evolución.

Catecismo 1044.

En este "universo nuevo", la Jerusalén celestial, Dios tendrá su morada entre los hombres. "Y enjugará toda lágrima de sus ojos, y no habrá ya muerte ni habrá llanto, ni gritos ni fatigas, porque el mundo viejo ha pasado".

Es evidente que aquel insensato autor del Apocalipsis, un tal Juan, no tenía idea de la realidad. Aunque es comprensible su deducción, y eso que entonces solo eran unos pocos cientos de millones de seres. Hoy, que somos siete mil millones, esa lógica apocalíptica sería mayor.

¿Dónde colocar a veinte mil millones de personas –contadas a voleo- tras el fin del mundo y una vez que hayan sido resucitadas? La respuesta es fácil: En un planeta regenerado y exento de cataclismos, ya que no habría espacio para tantos si fueran a vivir la eternidad a ese lugar, de nuevo lleno de misterios, donde están Enoc, Elías, Jesús y María.

Corolario

Ningún creyente, imbuido de fe ciega, se atreverá a negar que la Trinidad ideó, diseñó y proyectó todo lo que sucedió, sucede y sucederá con el fin de que la Iglesia Verdadera reinara en el mundo hasta el fin de los tiempos.

Pero esa Esposa Fiel ha difundido la idea de que Dios aplica el chantaje en su relación con la Humanidad. Dicen que Él practica esta máxima: "Dadme y os daré". Prácticamente, obligan al creyente a rezar continuamente si desean recibir algo a cambio, lo cual se contradice con el dogma: "Dios conoce todo lo que nos sucede". Por lo tanto, si esto fuera así, y aceptando su infinito altruismo caritativo, es obvio que no sería necesario hacerle rogatorias.

Ese lavado de cerebro que induce al creyente a estar convencido de que Dios únicamente soluciona los problemas de quienes le adoran, ignorando al resto de la población, solo podría tener sentido si fuera asimilado a Yahvé, el dios Bíblico.

Sin embargo, una vez vistos los resultados del Proyecto, estoy por asegurar que nada de esto pudo haber sido proyectado por Dios, sino que fue urdido por la Esposa Fiel, que falsificó un casamiento por poderes para su propio y único interés.

BIBLIOGRAFIA

Sobre la Biblia:

Sagrada Biblia. Versión directa de los textos primitivos.

Por Mon. Dr. Juan Straubinger. LA PRENSA CATÓLICA. Chicago – México.

Sagrada Biblia. Versión directa de las lenguas orientales.

Por Eloíno Nácar Fuster y Alberto Colunga, O. P.

BIBLIOTECA DE AUTORES CRISTIANOS. Madrid.

http://biblia.catholic.net/

Sobre el Catecismo:

http://www.vatican.va/archive/catechism_sp/index_sp.html

Sobre asuntos divinos:

http://www.interbiblia.com/estudios/teologia.htm

Sobre escepticismos:

Colección Enigmas del Cristianismo, por Karlheinz Deschner.

EDITORIAL MARTÍNEZ ROCA.

El Hombre que se convirtió en Dios, por Gerald Messadié.

CÍRCULO DE LECTORES.

Fuente: Flavio Josefo. Obras completas de Flavio Josefo, en 5 volúmenes traducidos del griego al español por Luis Farré. (Buenos Aires: Acervo Cultural / Editores, 1961.) *Vida de Josefo*: Vol. 1, págs. 21-69.

Vida Oculta de Cristo, por Enrique Cases.

http://www.teologiaparavivir.net/_tpv_docs/086_la_vida_oc
ulta_de_cristo.pdf

www.ingramcontent.com/pod-product-compliance
Lightning Source LLC
LaVergne TN
LVHW050544160826
845677LV00011B/2164

* 9 7 9 8 8 4 7 2 3 1 8 6 2 *